reinhardt

W0354093

Anna Kampschroer

Willkommen im neuen Zuhause

Eine Geschichte für Kinder in Pflegefamilien und Wohngruppen

Mit Online-Informationen und -Spielvorlage für (Pflege-)Eltern und Fachpersonen

Ernst Reinhardt Verlag München

Anna Kampschroer, Barntrup, Dipl. Sozialpäd., ist Kinder- und Jugendlichenpsychotherapeutin (TP), 20 Jahre in eigener Praxis; Fortbildungstätigkeit u. a. im Bereich Fremdunterbringung; langjährige Erfahrung in der stationären Jugendhilfe als professionelle „Pflegemutter".

Bibliografische Information der Deutschen Nationalbibliothek

Die Deutsche Nationalbibliothek verzeichnet diese Publikation in der Deutschen Nationalbibliografie; detaillierte bibliografische Daten sind im Internet über <http://dnb.d-nb.de> abrufbar.
ISBN 978-3-497-03247-1 (Print)
ISBN 978-3-497-61882-8 (PDF-E-Book)
ISBN 978-3-497-61883-5 (EPUB)

© 2024 by Ernst Reinhardt, GmbH & Co KG, Verlag, München

Dieses Werk, einschließlich aller seiner Teile, ist urheberrechtlich geschützt. Jede Verwertung außerhalb der engen Grenzen des Urheberrechtsgesetzes ist ohne schriftliche Zustimmung der Ernst Reinhardt GmbH & Co KG, München, unzulässig und strafbar. Das gilt insbesondere für Vervielfältigungen, Übersetzungen in andere Sprachen, Mikroverfilmungen und für die Einspeicherung und Verarbeitung in elektronischen Systemen. Der Verlag Ernst Reinhardt GmbH & Co KG behält sich eine Nutzung seiner Inhalte für Text- und Data-Mining i.S.v. § 44b UrhG ausdrücklich vor.

Printed in EU
Bildmotive Cover und Innenteil: © rubtsov89 / stock.adobe.com (Wäscheleine), © iStock.com / Tatiana Arefyeva (Vögel), © artnovielysa / stock.adobe.com (Pflanzen)
Satz: Sabine Ufer, Leipzig

Ernst Reinhardt Verlag, Kemnatenstr. 46, D-80639 München
Net: www.reinhardt-verlag.de E-Mail: info@reinhardt-verlag.de

Inhalt

Eine Geschichte für Janis 7

Teil I: Ein weiter Weg 11

Kapitel 1: Leo in Not 13

Kapitel 2: Endlich Hilfe 20

Kapitel 3: Nicht mehr allein 32

Kapitel 4: Gefährliche Ereignisse 37

Kapitel 5: Weitere Schrecken 50

Teil II: Schritte zur Rettung 57

Kapitel 6: Sina 59

Kapitel 7: Wendys Ankunft 68

Kapitel 8: Abschied vom magischen Baum 74

Teil III: Große Aufregung 83

Kapitel 9: Leos neues Zuhause 85

Kapitel 10: Abschied von Berta 97

Kapitel 11: Die neue Familie 103

Kapitel 12: Wiedersehen mit Sina 111

Teil IV: Abschied und Neubeginn 129

Kapitel 13: Ein großes Fest 131

Das Online-Material und Spiel zum Buch können Sie auf der Homepage des Ernst Reinhardt Verlags unter https://www.reinhardt-verlag.de herunterladen. Auf der Homepage geben Sie den Buchtitel oder die ISBN in der Suchleiste ein. Hier finden Sie das Online-Material unter den Produktanhängen.

Eine Geschichte für Janis

Nachdenklich und auch traurig liegt Janis in seinem Zimmer im Haus von Frau Wallner. Seit einigen Wochen wohnt er bei ihr. In manchen Momenten macht ihn das glücklich, in anderen traurig. Besonders abends sehnt er sich nach seinen Eltern, die nur wenige Häuser entfernt ihre Wohnung haben.

„Es ist wirklich verzwickt", denkt Janis auch heute wieder. „Ich weiß, dass Mama und Papa sich sowieso nicht um mich kümmern würden. Trotzdem macht es mich fast jeden Tag, und ganz besonders abends vor dem Einschlafen, traurig, dass ich nicht mehr bei ihnen wohnen kann. Warum können sie nicht so sein wie andere Eltern und einfach gut für mich sorgen. Ich verstehe das nicht, obwohl Oma Wallner es mir so oft zu erklären versucht."

Janis nennt die schon etwas ältere Frau „Oma", um genau zu sein „Oma Wallner".

Seine Eltern erinnern ihn ständig daran, dass sie nicht seine echte Oma ist. Janis findet das ziemlich blöd und irgendwie auch etwas gemein. Für ihn ist „Oma Wallner" seine echte Oma, weil sie sich doch wie eine echte, total richtige Oma verhält.

„Wahrscheinlich sind Mama und Papa nur neidisch, weil ich mich mit Oma Wallner meistens besser verstehe als mit ihnen", überlegt Janis. „Zu ihr konnte ich früher schon immer gehen, wenn ich Kummer hatte. Und auch wenn Mama und Papa wieder so komisch waren, weil sie sonderbare Pillen oder so andere Sachen geschluckt hatten. Ich glaube, sie wollten, dass ich das gar nicht sehe, aber ich bin doch nicht dumm. Ich habe das alles genau mitbekommen. Erst habe ich gedacht, dass sie krank sind und mir Sorgen um sie gemacht. Deshalb habe ich es Oma Wallner erzählt, zu der ich damals schon fast jeden Tag gegangen bin. Oft habe ich bei ihr gegessen und auch dort meine Hausaufgaben gemacht.

Meine Eltern waren damit einverstanden. Jedenfalls haben sie nie etwas dagegen gesagt. Oma Wallner meinte dann eines Tages, so könne es nicht weitergehen. Sie wollte, dass ich besser versorgt werde. Jedenfalls hat sie mir das damals so erklärt. Sogar zu Mama und Papa ist sie gegangen, um mit ihnen darüber zu reden.

Ich hatte an dem Tag ziemlich viel Angst, dass es Ärger gibt. Hat es aber nicht. Ich weiß nicht, wie Oma Wallner das geschafft hat. Meine Eltern waren dann sogar damit einverstanden, dass ich erstmal für einige Zeit bei ihr wohne. Das ist super, weil bei Oma Wallner fühle ich mich richtig wohl. Trotzdem vermisse ich meine Eltern oft. Manchmal denke ich, dass ich ziemlich komisch bin. Das versuche ich vor anderen zu verbergen. Nur Oma Wallner, die merkt meistens, was ich fühle. Irgendwie finde ich das gut, aber manchmal macht es mich auch wütend.

Total blöd und gemein ist es, dass ich bald zu ganz fremden Leuten ziehen soll. Alle wollen das: meine Eltern, Oma Wallner und so eine fremde Frau vom Jugendamt, die ich jetzt erst kennengelernt habe. Ich glaube, meine Eltern kennen sie schon etwas länger.

Oma Wallner hat mir erklärt, dass das Jugendamt dafür zuständig ist, Kindern zu helfen, die in Not sind. So ganz habe ich das nicht verstanden. Ich bin ja nicht in Not, ich habe doch Oma Wallner. Zu ihr kann ich immer gehen. Sie meint aber, dass das nicht ausreicht.

Manchmal bin ich anderer Meinung als sie. Dann kann ich richtig ärgerlich werden. Oma Wallner aber auch. Heute hat sie schon wieder davon geredet, dass ich bald bei ihr ausziehen und zu neuen Menschen ziehen werde. Ich will das nicht hören. Warum versteht sie das nicht?

Keiner achtet auf das, was ich mir wünsche. Ich möchte einfach immer weiter nur bei Oma Wallner wohnen, auch wenn wir uns manchmal streiten.

Während Janis im Bett von diesen Gedanken gequält wird, füllen sich seine Augen mit Tränen. Schon bald laufen sie in kleinen Rinnsalen seine Wangen hinunter. Auf dem Kopfkissen ist bereits ein nasser Fleck. Stärker und stärker wird sein Schluchzen, so verzweifelt ist er.

Wenige Minuten später wird die Zimmertür vorsichtig geöffnet. Frau Wallner betritt den Raum.

„Aber mein Junge, was ist denn mit dir los? Du weinst ja so laut, dass ich es bis ins Wohnzimmer hören kann. Völlig verzweifelt wirkst du. Was ist passiert?“, erkundigt sie sich besorgt.

Einen kleinen Moment lang bleibt sie neben Janis' Bett stehen. Dann setzt sie sich auf den Stuhl, der direkt daneben steht.

Als sie ihren Arm ausstreckt, um mit der Hand über Janis' Kopf zu streicheln, dreht dieser sich abrupt weg.

„Lass mich“, stößt er hervor. „Du weißt genau, warum ich weine. Aber das ist dir völlig egal. Du schickst mich sowieso weg zu fremden Leuten. Erst sagst du, dass du mich magst, und dann willst du mich nicht mehr bei dir haben. Das ist so gemein. Geh weg, ich will mit dir nichts mehr zu tun haben.“

„Aber Janis, so stimmt das doch gar nicht. Ich möchte, dass du endlich eine echte Chance auf ein glückliches Aufwachsen bekommst. Eine neue Familie oder eine Wohngruppe, in der du dich wohl, sicher, geborgen und gemocht fühlen kannst. Das wünsche ich dir, weil ich dich so sehr mag! Dein Wohlergehen ist mir wirklich wichtig. Sieh mal, ich bin zu alt, um auf Dauer für dich da sein zu können. Du kannst mich gern besuchen und ich dich auch. Aber ein neues, verlässliches Zuhause brauchst du jetzt unbedingt. Viel zu lange schon hast du so viel Verunsicherndes, Bedrückendes und Schweres erleben müssen.“

Janis wendet sich weiter ab von Frau Wallner. Er will diese Sätze nicht hören. Und auch nicht versuchen, sie zu verstehen. Wütend will er auf Frau Wallner sein und ihr das auch deutlich zeigen. Er findet, dass sie ihn mit ihren fast 80 Jahren noch prima versorgen kann. „Jedenfalls besser als meine Eltern das können", denkt er. „Aber wenn sie mich nicht mehr bei sich haben möchte, dann gehe ich eben." Wohin, weiß er im Moment selbst nicht so recht.

„Was ist mit meinen Eltern? Ich könnte doch wieder dort wohnen? Warum verbieten mir das plötzlich alle?", fragt Janis.

„Ich glaube, du weißt selbst, dass deine Eltern nicht ausreichend für dich sorgen können. Lange genug hast du das zu spüren bekommen. Deshalb bist du doch so oft nach der Schule direkt zu mir gekommen. Und das war auch gut so! Du bist ein schlauer Junge und hast ein gutes Gespür dafür, was für dich gut ist und was dir schadet", entgegnet Frau Wallner.

„Du bist gut für mich!", stößt Janis laut hervor. Es klingt wie ein verzweifelter Aufschrei.

Nun wendet er sich doch seiner Oma wieder zu. Ganz nah rückt er an sie heran.

Vorsichtig legt Frau Wallner ihre Hand auf Janis' Kopf. Sanft streichelt sie über seine Haare.

„Ich glaube, ich sollte dir eine Geschichte erzählen", schlägt sie vor.

Stumm an sie gekuschelt, bleibt Janis unter seiner wärmenden Bettdecke liegen. Seinen Kopf legt er in Frau Wallners Schoß.

Noch einmal streicht Frau Wallner liebevoll über seine Haare, bevor sie zu erzählen beginnt:

Teil I:
Ein weiter Weg

Kapitel 1: Leo in Not

Der kleine Löwenjunge Leo lebt in dem großen Land *Irgendwo*. Er ist zwar kein Baby mehr, aber doch noch ein richtiges Löwenkind. Jeden Tag quält ihn die Sehnsucht nach Erwachsenen, die gut für ihn sorgen. Ziemlich verzweifelt ist Leo, weil seine Löweneltern das nicht können.

„Vielleicht merken sie nicht, wie traurig ich oft bin. Manchmal denke ich, dass ich ihnen ganz egal bin. Ich wünsche mir Eltern, die sich wirklich um mich kümmern, mit mir zusammen Spaß haben, mir zuhören und mich trösten, wenn ich traurig bin. Warum kann ich nicht solche Eltern haben wie andere Kinder?"

Besonders, wenn er vor sich hin träumt oder abends beim Einschlafen, überfallen Leo diese Gedanken. Dann werden Wut, Traurigkeit und Verzweiflung in ihm riesengroß. Bis tief in den Bauch hinein breiten sie sich aus. Auch in seinen Beinen und Pfoten kann er sie spüren. Manchmal wird er richtig zittrig davon. In solchen Momenten wünscht er sich ganz weit weg. Er stellt sich vor, bei Erwachsenen zu leben, die ihn mögen und ganz viel Zeit für ihn haben.

In manchen Nächten träumt er sogar davon. Dann gibt es da eine Mutter und einen Vater, die mit ihm umhertollen, ihm zuhören, wenn er etwas erzählt, ihn trösten, wenn er traurig ist. Herrlich ist das. Leo mag diese Träume. Am liebsten würde er für immer in dieser Traumwelt bleiben. Aber irgendwann wacht er auf und merkt, dass in seiner Wirklichkeit alles ganz anders ist. Ziemlich enttäuscht ist er dann, traurig und auch wütend.

„Lange halte ich das nicht mehr aus“, sorgt Leo sich. „Ich brauche Erwachsene, die sich um mich kümmern. Es wäre wunderbar, wenn meine Eltern das noch lernen könnten. Manchmal denke ich, dass sie sich überhaupt keine Mühe geben. Wenn ich etwas nicht schaffe, schimpfen sie meistens sofort mit mir. Sie behaupten dann, dass ich mich nur etwas mehr anstrengen muss“, erinnert sich Leo.

„Ich mag es nicht, wenn Mama und Papa so sind und solche Sätze zu mir sagen. Richtige Bauchschmerzen bekomme ich davon. Ich brauche Erwachsene, die mich mögen, die gut für mich sorgen und die mich vor Gefahren beschützen.“ Das spürt Leo ganz deutlich.

An manchen Tagen möchte er sein Leid herausschreien. Aber das traut er sich nicht.

„Wenn ich jemandem erzähle, wie es mir geht, werden Mama und Papa bestimmt sehr wütend. Das will ich auf keinen Fall. Richtig gefährlich könnte es für mich werden. Schon oft genug habe ich das gespürt. Wenn sie wütend sind, beißen sie mir meistens ins Ohr. Dann schreie ich vor Schmerzen, aber das interessiert meine Eltern nicht. Mit ihren starken Tatzen schlagen sie sogar extra nochmal nach mir. Wenn ich dann weine, behaupten sie, dass ich das verdient habe, weil ich so böse war. Ich weiß nicht, ob das stimmt. Manchmal möchte ich Mama und Papa auch beißen oder verhauen, wenn sie gemein zu mir waren. Aber das darf ich nicht. Irgendwie finde ich das ungerecht. Ich traue mich aber nicht, es zu sagen. Vielleicht würde dann alles noch schlimmer.

An manchen Tagen möchte ich trotz meiner riesengroßen Angst jemandem anvertrauen, wie meine Eltern mich behandeln. Aber ich glaube, das darf ich nicht. Oder doch? Dürfen wir Kinder anderen davon erzählen, wenn wir in Not sind?“

Schrecklich allein fühlt Leo sich mit seinen Sorgen und quälenden Gefühlen.

„Warum kann nicht auch für mich alles gut sein?“, überlegt er immer wieder.

Wenn Leo derart verzweifelt ist, breiten sich in ihm Wut und Traurigkeit aus. Entsetzlich schnell geht das. Manchmal öffnet sich dann sein kleines Löwenmaul wie von selbst und beginnt zu brüllen, so laut und jammervoll, dass Leo meint, jeder müsste es hören.

„Am liebsten möchte ich etwas kaputt machen oder jemandem weh tun, wenn ich mich so fühle“, weiß Leo. „Schon so oft habe ich dann alles um mich herum zertrampelt oder zerbissen. Viele kleine Pflanzen und Tiere, die so gern noch weitergewachsen wären, habe ich zerstört. In dem Moment war mir das immer egal, aber später hat es mir meistens leidgetan. Da war ich dann wütend auf mich selbst. Ich mag mich nämlich nicht, wenn ich so gemein bin. Manchmal füge ich mir zur Strafe sogar selbst Schmerzen zu. Dann stoße ich meinen Kopf solange gegen einen Baumstamm bis ich Kopfschmerzen habe. Aber das verrate ich niemandem.“

Besonders wütend ist Leo auf glückliche Löwenkinder, die von ihren Eltern gut versorgt werden.

„Ich will nicht sehen, wie sie mit Mutter und Vater um die Wette laufen, umhertollen, Spaß haben, sich auf dem Waldboden vor Freude hin und her wälzen und dabei ihre dicken Pfoten in der Luft wild strampeln lassen. Es macht mich so traurig, weil ich das alles selbst nicht habe. Am liebsten würde ich mit ihnen spielen und toben. Aber das sage ich vorsichtshalber nicht. Bestimmt würden sie mich sowieso wegschicken. Das habe ich schon viel zu oft erlebt. Ich weiß genau, dass mich niemand bei sich haben möchte.“ Davon ist Leo fest überzeugt. Jeden Tag sagt er das zu sich selbst. Und von Tag zu Tag glaubt er etwas mehr daran. Ganz verzweifelt macht ihn das.

„Trotzdem, ich gebe nicht auf. Irgendwie schaffe ich es, klar zu kommen“, schwört er sich.

Nachdem Frau Wallner die Erzählung beendet hat, bleiben sie und Janis eine Zeit lang stumm.

„Ich glaube, der Junge ist eingeschlafen. Da muss ich wohl ganz vorsichtig und leise sein, damit ich ihn nicht wieder aufwecke. Wie lege ich jetzt am besten seinen Kopf von meinem Schoß zurück auf sein Kissen?", überlegt Frau Wallner.

Tatsächlich aber ist Janis noch sehr wach und im Moment auch gar nicht müde. Aufmerksam hat er der Erzählung zugehört. Nur zögerlich richtet er seinen Kopf auf. Mit seinem Ellenbogen stützt er sich dabei auf dem Bett ab. Nachdenklich schaut er vor sich hin.

„Ich möchte, dass auch für mich endlich alles gut wird", flüstert er.

Frau Wallner streichelt ihm über sein Haar.

„Genau das wünsche ich dir auch", entgegnet sie.

„Als ich noch bei meinen Eltern gewohnt habe, ging es mir so ähnlich wie dem Löwenjungen Leo aus der Geschichte. Zuerst wusste ich auch nicht, ob ich dir erzählen darf, wie es bei uns Zuhause manchmal zugeht. Dass meine Eltern oft so komisch sind, wenn sie irgendetwas getrunken oder seltsame Sachen zu sich genommen haben, wollte ich lange Zeit lieber als Geheimnis in mir bewahren. Ich hatte Angst, dass ich sonst nicht mehr bei meinen Eltern wohnen darf. So etwas Ähnliches haben sie mir nämlich immer gesagt. Aber irgendwann konnte ich es einfach nicht mehr aushalten. Und, weißt du noch, wie es an dem einen Tag war, als ich draußen auf dem Spielplatz saß und geweint habe?"

Frau Wallner nickt bestätigend mit dem Kopf. „Oh ja, daran erinnere ich mich noch genau. An dem Tag wurde mir klar, dass ich mich unbedingt um dich kümmern sollte. Ich habe verstanden, dass du in großer Not warst", entgegnet sie.

„Und ich habe dir alles anvertraut. Meinen ganzen Kummer. Ich konnte einfach nicht mehr anders", sagt Janis.

„Das war auch gut so. Mit derart großen Problemen sollten Kinder nicht allein bleiben“, bestätigt Frau Wallner.

„Das ist wirklich wie in der Geschichte mit dem kleinen Löwenjungen. Genau so habe ich mich oft gefühlt. Ist die Geschichte schon zu Ende oder geht sie noch weiter?“, will Janis nun wissen.

„Oh, die Geschichte ist noch lange nicht zu Ende, sie hat noch viele Kapitel. Aber für heute habe ich dir erst einmal genug davon erzählt. Ein anderes Mal kann ich dir vorlesen, wie es mit dem kleinen Löwenjungen weitergeht“, schlägt Frau Wallner vor.

„Steht die Geschichte in einem Buch?“, erkundigt Janis sich aufgeregt.

„Ja, wenn du möchtest, kann ich es dir morgen zeigen und dir daraus vorlesen. Aber jetzt musst du wirklich schlafen.“ Janis hört, dass Frau Wallners Stimme nun ziemlich entschieden klingt.

„Bestimmt kann ich sie heute Abend nicht mehr dazu bringen, mir doch noch länger etwas zu erzählen oder vorzulesen. Schade, ich wüsste so gern, ob für Leo irgendwann alles gut wird“, denkt Janis.

Ganz tief seufzt er einmal auf. Irgendwie fühlt es sich für ihn so an, als wäre der kleine Löwenjunge nun sein Freund.

„Er ist mir so ähnlich. Auch ich bin oft traurig und wütend. Dann würde ich am liebsten etwas kaputt machen, genau wie Leo. Aber ich lasse es lieber. Meine Eltern würde das sowieso nicht interessieren, und Oma Wallner wäre bestimmt ziemlich enttäuscht von mir. Kann sein, dass sie danach gar nichts mehr mit mir zu tun haben möchte. Dann hätte ich schon wieder keinen Menschen mehr, der sich um mich kümmert.

Besser ist, ich stelle mir vor, dass Leo immer bei mir ist und wir uns sogar unterhalten können. Einen Löwen als Freund zu haben, wäre echt super. Schade, dass es ihn nur in meinen Gedanken gibt und ich niemandem davon erzählen kann.

Aber es ist viel besser, als ihn gar nicht zu haben", entscheidet Janis ganz tief in sich. Nach außen bleibt er stumm.

„Siehst du", sagt Frau Wallner, „du bist total müde. Ich glaube, du bist schon fast eingeschlafen."

„Bin ich gar nicht", entgegnet Janis. Um das ganz deutlich zu machen, schwingt er seine Beine aus dem Bett und setzt sich aufrecht auf die Bettkante.

„Bitte, Oma Wallner, wenn du mir nicht weitererzählen willst, dann erlaub mir wenigstens, ein Bild von Leo zu malen. Du kannst auch ruhig schon wieder ins Wohnzimmer gehen. Das Bild soll eine Überraschung für dich werden. Ich zeige es dir dann morgen", bittet Janis.

„Na gut", erklärt Frau Wallner, „aber bleib wirklich nicht mehr so lange auf. Morgen früh in der Schule sollst du gut aufpassen können."

„Du bist die netteste Oma der Welt", lacht Janis und umarmt Frau Wallner so fest, als wollte er sie gar nicht mehr loslassen.

Kaum ist er allein im Zimmer, geht er zum Schreibtisch und legt Stifte und Block bereit. Schon bei den ersten Strichen merkt er, wie sich nun doch rasch Müdigkeit in ihm ausbreitet. Einen Baum schafft er gerade noch zu zeichnen, dann fühlt sich sein Arm schrecklich schwer an. Seine Finger rutschen vom Stift ab, sein Kopf sackt nach unten auf den Schreibtisch.

„Bevor ich hier noch einschlafe, gehe ich lieber ins Bett", entscheidet Janis schlaftrunken.

Erschöpft schlurft er zu seinem Schlafplatz, kuschelt sich unter die warme Decke und schläft sogleich ein.

Am nächsten Vormittag beim Frühstück bittet Janis Frau Wallner, ihm am Nachmittag vorzulesen, wie es mit Leo weitergeht.

„Das entscheide ich heute Mittag", sagt sie. „Bring erst einmal einen guten Schulvormittag hinter dich, danach in Ruhe das Mittagessen, im Anschluss die Hausaufgaben, und dann können wir vielleicht mit der Geschichte weitermachen."

Janis stöhnt laut auf. „Das dauert dann ja noch ewig", sagt er. Die alte Frau lächelt, entgegnet aber nichts.

Am Nachmittag, nachdem auch die Hausaufgaben erledigt sind, ist es dann soweit. Frau Wallner kocht sich einen Kaffee, für Janis einen Kakao. Gemeinsam setzen sie sich mit den wärmenden Getränken ins Wohnzimmer auf die gemütliche alte Couch. Ganz eng kuschelt der Junge sich an die alte Frau, die schon das Buch in der Hand bereithält. Janis ist so gespannt, wie es mit Leo weitergeht. Frau Wallner versteht das und beginnt zu lesen.

Kapitel 2: Endlich Hilfe

Obwohl Leo seinen Lebensmut nicht aufgeben möchte, breiten sich Enttäuschung und Verzweiflung in ihm weiter aus. Er spürt, wie seine Eltern sich von Tag zu Tag immer etwas weniger um ihn kümmern.

„Sie wollen mich einfach nicht. Ich bin ihnen nur lästig", denkt Leo. „Vielleicht gibt es irgendjemanden auf der Welt, der mir hilft. Allein schaffe ich das nicht mehr."

Wütend läuft er über weite Grasflächen hinein in einen Wald, der ihm noch völlig fremd ist. Wohin genau es ihn treibt, weiß er nicht.

„Hauptsache weg von meinen Eltern, die sich sowieso nicht für mich interessieren", denkt er. Alles um ihn herum wirkt traurig und bedrohlich auf ihn.

„Ich glaube, selbst diese großen Bäume mögen mich nicht. Irgendwie denke ich, dass sie wütend auf mich sind und mich genau beobachten", sorgt Leo sich.

Immer tiefer gerät er in den dichten Wald hinein. Längst ist er sich nicht mehr ganz sicher, wo genau sein Zuhause ist.

Hungrig, durstig und entsetzlich müde drängt er sich in ein Gebüsch, das sich zwischen zwei Bäume zu quetschen scheint. Es versperrt ihm den Weg.

„Ich will nicht mehr. Und ich kann auch nicht mehr“, spürt Leo.

Völlig erschöpft legt er sich auf dem Waldboden nieder. Ganz klein macht er sich, gerade so, als möchte er für immer verschwinden. Die Beine zieht er fest an seinen Körper. Sie fühlen sich erschreckend kraftlos an. Nie zuvor in seinem Leben war Leo so verzweifelt. Dicke Tränen laufen aus seinen kleinen Löwenaugen. Sie rollen an der Nase herunter und tropfen auf die ausgetrocknete Erde.

Plötzlich scheint der Boden unter ihm zu zittern. Ein lautes Knacken im Gebüsch und zwischen den tief herunterhängenden Ästen der Bäume ist zu hören.

„Hilfe, was ist das? Lauert hier etwa auch eine Gefahr auf mich? Ich will endlich in Sicherheit sein, keine Angst mehr spüren müssen“, schreit es in Leo, während er nach außen stumm bleibt.

„Vielleicht ist es ein Monster, das mir einen Schreck einjagen will und deshalb den Boden zittern und die Äste knacken lässt“, überlegt der Löwenjunge.

„Aber eigentlich glaube ich, dass es gar keine Monster gibt“, denkt er nur einen kleinen Moment später. „Trotzdem habe ich Angst vor diesen komischen Geräuschen. Wenn ich nur wüsste, wer es schafft, dass es dort so laut knackt und der Boden zittert“, sorgt er sich.

Leo merkt, wie die Angst seinen Körper lähmt. Sein Kopf scheint plötzlich unbeweglich zu sein, ebenso seine Beine und Pfoten. Er möchte aufspringen und wegrennen, aber sein Körper gehorcht ihm nicht mehr. So bleibt er bewegungslos am Boden liegen. Voller Entsetzen schaut er in die Richtung aus der das Geräusch kommt.

Ein großes graues Ungeheuer scheint sich auf ihn zuzubewegen. Noch kann Leo es nicht deutlich erkennen.

„Ob es vielleicht doch ein Riesenmonster ist, das mir gefährlich werden kann?“, überlegt er. Am liebsten möchte er sich unsichtbar machen, aber das geht natürlich nicht.

Einen Moment später erkennt er, welches Wesen sich da derart mühevoll durch das Dickicht kämpft.

Eine große, erwachsene Elefantenfrau presst sich Schritt für Schritt zwischen den eng ineinander verschlungenen Pflanzen hindurch. Sie kommt direkt auf Leo zu. Schon jetzt ist ihr Geruch für ihn deutlich wahrnehmbar. Ganz übel wird ihm vor Angst und Sorge. Gleichzeitig wächst aber auch Hoffnung in ihm.

„Vielleicht kann mir diese große, starke Elefantenfrau helfen. Wenn ich allein bleibe, verhungere und verdurste ich. Aufgeben will ich auf keinen Fall. Das habe ich mir geschworen! Ich brauche jemanden, der mich mag und sich um mich kümmert", weiß Leo.

„Trotzdem! Ich muss vorsichtig sein, und das werde ich auch", nimmt er sich vor.

Mit kraftvollen Schritten bewegt sich die Elefantenfrau vorwärts.

Plötzlich stutzt sie. Ihre Augen haben das kleine Löwenkind entdeckt.

Erstaunt bleibt sie vor ihm stehen.

„Nanu, kleiner Löwe, was machst du denn hier so allein?", will sie wissen.

„Ihre Stimme klingt dröhnend wie eine laut scheppernde Trompete", findet Leo. „Das hört sich schon etwas unheimlich an, aber immerhin ist sie kein Monster. Vielleicht sollte ich mit ihr reden, damit sie nicht ärgerlich auf mich wird."

Misstrauisch schaut Leo zu ihr hoch. Er spürt die Angst jetzt überall in seinem Körper, ganz besonders aber im Bauch. Richtig schwindelig wird ihm davon.

Die Elefantenfrau scheint seinen Schreck zu bemerken. Schnell geht sie einen Schritt zurück. Mit etwas leiserer Stimme sagt sie: „Ich wollte dich nicht erschrecken. Es erstaunt mich nur, dass so ein kleines Löwenkind wie du hier ganz allein ist. Schließlich ist es hier nicht ungefährlich. Wo sind denn deine Eltern?"

Leo ist unsicher, ob er der Elefantenfrau mehr über sich erzählen darf.

„Am liebsten würde ich ihr sagen, in welcher Not ich bin“, spürt Leo, aber irgendetwas hält ihn davon ab.

„Kinder, die Sorgen haben, dürfen diese immer jemandem anvertrauen. Kein Kind muss sich mit seiner Not allein lassen. Auch du hast das Recht, darüber zu sprechen, zum Beispiel jetzt mit mir, dafür bin ich da“, hört Leo die Elefantin sagen.

„Ob sie meine Gedanken lesen kann?“, überlegt er. Dabei muss er sogar etwas lächeln. Und schon breitet sich Mut in ihm aus, er spürt es ganz deutlich.

„Vielleicht ist das so, weil ich nicht mehr allein bin“, denkt er.

Ganz tief atmet er ein und aus. Mit jedem Atemzug verteilt sich der Mut mehr und mehr in seinem kleinen Körper.

„Trotzdem will ich lieber vorsichtig sein. Ich kenne diese Elefantenfrau ja gar nicht. Woher soll ich wissen, ob ich ihr wirklich vertrauen kann?“, sorgt Leo sich.

Laut sagt er: „Vielleicht stimmt es gar nicht, was du behauptest. Woher willst du wissen, dass Kinder das Recht haben, über ihre Probleme zu sprechen?“

Leo spürt, wie seine Gefühle in ihm Purzelbaum schlagen. Ein richtiges Durcheinander ist jetzt in ihm.

Vorsichtshalber schaut er die Elefantenfrau nicht an, sondern hinunter auf den Waldboden, auf dem kleine Tiere unruhig hin und her krabbeln.

„Das zu wissen ist nicht schwer für mich“, hört Leo die Elefantin sagen.

„Sicher weißt du noch nicht, dass es mich genau dafür gibt. Ich gehöre zu der Hilfsgruppe für Kinder in diesem Land. Unsere Aufgabe ist es, Mädchen und Jungen, die so allein, verzweifelt, traurig oder auch wütend wie du sind, zu unterstützen, damit es ihnen wieder besser gehen kann“, erklärt sie.

„Das klingt wirklich gut. Aber ich weiß nicht, ob ich ihr vertrauen kann. Lieber will ich erstmal noch etwas vorsichtig sein“, entscheidet Leo.

„Ich habe noch nie gehört, dass es hier so eine Hilfsgruppe für Kinder gibt. Gehören viele dazu oder bist du das nur alleine?", will er von der Elefantenfrau wissen.

„Oh, da gehört eine Vielzahl verschiedener Tiere zu unserer Gruppe, nicht nur Elefanten, auch Vögel, Tiger, Affen und ganz besondere Wesen, die eine Mischung aus allen sind", erklärt die Elefantin.

„Auch Löwen?", fragt Leo mit leiser Stimme. Er traut sich nicht, das große Tier dabei anzuschauen.

„Ja, natürlich auch Löwen. Es gibt ziemlich viele, sehr unterschiedliche Unterstützerinnen und Unterstützer", erklärt die Elefantenfrau.

„Ich glaube, sie will mir wirklich helfen. Vielleicht sollte ich ihr vertrauen, sie ist so freundlich", entscheidet Leo. Auf wundersame Weise verlässt die Angst seinen Körper.

„Alles in mir fühlt sich leichter an, irgendwie freier. Auch meine Beine sind nicht mehr so wackelig. Ich glaube, jetzt schaffe ich es, der Elefantenfrau meine Not anzuvertrauen", spürt Leo.

„Ich bin wirklich ziemlich allein", beginnt er zu erzählen. „Meinen Eltern ist es egal, wie es mir geht. Ich glaube, sie wollen mich nicht. Oder sie wissen nicht, wie man für Kinder sorgen muss. Wahrscheinlich lassen sie mich deshalb so oft im Stich. Manchmal sind sie sogar richtig gemein zu mir, dann habe ich Angst vor ihnen. Jetzt suche ich Futter, etwas zu trinken und einen sicheren Schlafplatz für die Nacht."

Seine Stimme klingt unendlich traurig und so leise, dass die großen Ohren der Elefantin sich sehr anstrengen müssen, ihn zu verstehen.

Aber ganz so verzweifelt wie zuvor fühlt Leo sich nicht mehr.

Nachdenklich schaut die Elefantenfrau auf den kleinen Löwenjungen hinunter.

„Derart junge Löwenkinder wie du sollten nicht allein sein", sagt sie entschieden. „Alle Kinder, egal ob Mädchen oder Jungen, brauchen Erwachsene, die sich liebevoll um sie kümmern."

„Es stimmt, was sie sagt", spürt Leo und fühlt sich glücklich und traurig zugleich. „Irgendwie ist gerade ein riesengroßes Gefühlsdurcheinander in mir", denkt er.

Weit nach unten lässt er seinen kleinen Löwenkopf hängen, so dass dieser fast den trockenen Waldboden berührt. Er sieht die dicken Elefantenfüße, die fest und kraftvoll auf ihn wirken.

„So starke Beine und Füße hätte ich auch gern", wünscht er sich tief in seinem Inneren. Enttäuscht schaut er auf seine noch recht dünnen Beine und kleinen Pfoten, die neben den dicken Elefantenfüßen nahezu winzig wirken.

„Vielleicht liegt es an mir, dass meine Eltern sich nicht richtig um mich gekümmert haben. Wahrscheinlich bin ich nicht nett genug. Vielleicht kann man mich einfach nicht liebhaben. Wahrscheinlich mochte mich noch nie jemand leiden", überlegt er still für sich.

Ängstlich und voller Zweifel schaut er zu der Elefantenfrau hoch. So gern wäre er auch kraftvoll und stark, am liebsten schon erwachsen, um für sich selbst sorgen zu können.

„Wie gut, dass ich hier vorbeigekommen bin und du dich mir anvertraut hast. Jetzt kann ich dir helfen. Du weißt ja, dafür bin ich da", erklärt die Elefantin.

„Wie heißt du eigentlich?", will sie dann wissen.

„Leo", entgegnet der Löwenjunge sofort. „Meine Eltern haben mich *Leo* genannt." Seine Stimme klingt nun schon viel kraftvoller und irgendwie auch stolz, so als gefiele ihm sein Name.

„*Leo* finde ich gut. Der Name passt zu dir. Und weißt du was? Mit allen *Leos*, die ich bisher kennengelernt habe, bin ich gut ausgekommen".

Bevor die Elefantenfrau weitersprechen kann, will Leo schnell wissen: „Und wie viele *Leos* hast du schon kennengelernt?"

Abwehrend schüttelt die Elefantin ihren dicken Kopf.

„Das ist doch im Augenblick völlig unwichtig", meint sie und scheint keinen Widerspruch dulden zu wollen. „Wichtig ist jetzt nur, dass ich mich um dich kümmere, damit du nicht mehr allein bist".

Das Herz des kleinen Löwenjungen klopft vor Freude und Erleichterung so heftig, dass er glaubt, die Elefantin müsse es mit ihren riesengroßen Ohren hören. Das ist ihm etwas peinlich.

Seine Freude, nun so eine kraftvolle Beschützerin an seiner Seite zu haben, kann er nicht länger verbergen. Irgendetwas muss er einfach machen. Mit mehrmaligem lauten Löwenjauchzen springt er mit allen vier Beinen gleichzeitig in die Höhe. Das sieht so lustig aus, dass die große Elefantenfrau laut dröhnend lacht und sich dabei vor Begeisterung heftig schüttelt.

„Übrigens, ich heiße Berta", verrät sie jetzt.

Leo ist froh, nun auch ihren Namen zu kennen. Danach zu fragen, hätte er sich nicht getraut.

„Ich werde für dich gute neue Löweneltern finden, die dich beschützen, dich liebevoll umsorgen und dir alles beibringen, was du brauchst, um dich in diesem Leben zurechtzufinden", verspricht die Elefantenfrau.

„Aber was ist mit meinen Eltern? Die wissen doch gar nicht wo ich bin. Wenn ich nicht nach Hause komme, werden sie sehr wütend sein. Vielleicht machen sie sich sogar Sorgen um mich und suchen mich schon", stößt Leo plötzlich erschrocken hervor.

Nachdenklich schaut die Elefantin ihn an.

„Du hast völlig recht. Natürlich müssen deine Eltern darüber informiert werden. Wir gehen jetzt zu ihnen und ich erkläre ihnen alles", sagt sie.

„Bestimmt werden meine Eltern schimpfen, dass ich dir alles erzählt habe. Riesengroßen Ärger werde ich bekommen", klagt Leo.

Am liebsten würde er weglaufen.

„Vielleicht bleiben meine Eltern ruhiger, wenn sie die erwachsene Elefantenfrau an meiner Seite sehen", hofft er einen Moment später.

„Ich werde mit deiner Mutter und deinem Vater allein sprechen. Du musst nicht dabei sein, wenn du es nicht möchtest“, verspricht Berta.

Leo ist erleichtert.

„Vielleicht wird jetzt endlich alles gut“, hofft er.

Langsam gehen sie Leos Zuhause entgegen.

Schon von weitem sieht der Löwenjunge seine Eltern unter dem Baum liegen. Sie scheinen fest zu schlafen.

„Da sind sie“, flüstert er. Auf keinen Fall will er sie aufwecken. Keinen Schritt geht er weiter. Alle mutige Entschlossenheit scheint nun aus ihm zu schwinden.

Die Elefantenfrau legt ihren Rüssel beruhigend um Leo.

„Du kannst hier auf mich warten, wenn du möchtest. Ich regele das für dich“, verspricht sie.

So gut es geht, duckt Leo sich hinter ein breites Gebüsch. Von dort aus will er alles beobachten.

Er sieht, wie die Elefantenfrau langsam auf seine Eltern zugeht. Erschrocken heben diese ihre Köpfe.

Was dann genau zwischen den Erwachsenen besprochen wird, kann Leo nicht verstehen. Zuerst scheinen seine Eltern ärgerlich oder sogar wütend aufzuspringen. Die Elefantin bleibt ganz ruhig vor ihnen stehen. Zu gern würde Leo das Gespräch belauschen. Vorsichtshalber bleibt er aber doch lieber in seinem Versteck.

Endlos lange scheinen sich die Erwachsenen zu unterhalten.

Obwohl seine Beine schon zu schmerzen beginnen, versucht Leo, sich nicht zu bewegen. Zu groß ist seine Sorge, die Eltern könnten ihn in seinem Versteck entdecken, zu sich holen und schrecklich bestrafen.

Plötzlich dreht sich die Elefantin zu ihm um und winkt ihn mit ihrem Rüssel herbei.

Leo ist unsicher, ob er sich wirklich aus seinem Versteck heraustrauen soll.

Erst als er merkt, dass Berta nicht aufhört nach ihm zu winken, kommt er langsam hervor. Nahezu schleichend bewegt er sich auf die Elefantin und seine Eltern zu. Sie wirklich anzuschauen, wagt er nicht.

„Wir haben alles besprochen", erklärt die Elefantin. „Deine Eltern sind damit einverstanden, dass ich neue Eltern für dich suche. Auf ihre Art scheinen sie dich wirklich gern zu haben. Nur gut sorgen für dich, das können sie ganz offensichtlich nicht."

Leo kann kaum glauben, was er da hört. Jetzt schaut er doch zu seinen Eltern hin. Sie widersprechen Berta nicht. Stattdessen nicken sie sogar bestätigend mit den Köpfen.

„Vielleicht können wir uns gegenseitig manchmal besuchen", hört Leo seine Mutter sagen. Er weiß nicht, ob er sich darüber freuen soll.

„Das klären wir alles später. Sobald ich für Leo eine neue Familie gefunden habe, können wir das überlegen. Ich werde es auch mit Leo ganz in Ruhe besprechen", erklärt die Elefantin.

Leo ist erleichtert, darüber nicht länger nachdenken zu müssen. Unbehaglich und auch etwas unglücklich fühlt er sich.

„Es ist wirklich komisch. Schon so lange habe ich mir andere Eltern gewünscht. Ich wollte zu Erwachsenen, die gut für mich sorgen. Trotzdem finde ich es jetzt auch traurig, von meinen Eltern wegzugehen", spürt Leo.

Vorsichtig legt Berta ihren Rüssel um den Löwenjungen und führt ihn seinem neuen Leben entgegen.

Leos Eltern schauen ihnen noch eine Weile nach. Schließlich legen sie sich wieder unter ihren Baum und kauen an den süßen Früchten der herunterhängenden Zweige.

Leo spürt, dass für ihn nun tatsächlich ein neues Leben beginnt. Ganz fest will er daran glauben, endlich gut versorgt, beschützt und sicher zu sein.

„So, jetzt ist aber für heute Schluss mit dem Vorlesen. Ich habe noch so viel im Haushalt zu erledigen, und du solltest nun endlich etwas an die frische Luft gehen“, beendet Frau Wallner das gemütliche Beisammensein.

Janis gefällt das gar nicht. Zu gern möchte er hören, wie es Leo dort im großen Land *Irgendwo* weiterergeht. Er weiß aber, dass jetzt kein noch so langes Bitten und Betteln helfen würde. Stöhnend erhebt er sich von der Couch. Als er gerade das Wohnzimmer verlassen will, ruft Frau Wallner ihm nach: „Und wie soll deine leere Kakaotasse in die Spülmaschine kommen? Fliegen kann sie, soweit ich weiß, noch nicht.“

Janis hört, dass seine Oma Wallner nicht ärgerlich ist. Aber dass sie ihre Aufforderung, er solle seine benutzte Tasse selbst abräumen, ernst meint, das weiß er trotzdem.

„Du bist wie diese Elefantenfrau Berta, kümmerst dich gut um mich. Manchmal ist das aber auch etwas nervig“, lacht er. Tief in sich spürt Janis, wie gut es tut, endlich so umsorgt zu sein.

Schnell geht er zurück zum Tisch. Nicht nur seine benutzte Tasse nimmt er in die Hand, sondern auch die von Frau Wallner.

„Ich stelle beide in die Spülmaschine. Liest du mir dann heute Abend weiter aus dem Buch vor?“, erkundigt er sich.

Frau Wallner lacht.

„Na, dieser Löwenjunge Leo scheint es dir ja wirklich angetan zu haben. Bestimmt, weil ihr euch so ähnlich seid“, meint sie.

„Oma Wallner hat das also auch schon gemerkt“, denkt Janis. Mit einem leichten Schulterzucken verlässt er den Raum. Innerlich nimmt er Leo mit. Auch draußen auf der Straße und dem Spielplatz spürt er ihn ganz deutlich direkt neben sich.

„Was Leo jetzt hier draußen wohl machen würde?“, überlegt Janis. Schon nimmt er dessen Löwenkräfte in sich selbst wahr.

„Auch wenn es die Kräfte eines noch kleinen Löwen sind, fühlen sie sich ziemlich stark an“, stellt er fest.

Entschlossen geht Janis zur Kletterstange. Schnell macht er dort einige Klimmzüge und mehrere Überschläge. Völlig außer Atem und sehr stolz ist er danach.

Beim Abendessen bemerkt Frau Wallner seine Unruhe. Sie weiß ja nicht, dass Janis in Gedanken immer noch mit Leo umherstreift und sich deshalb ständig hin und her bewegt.

„Was ist los mit dir? Warst du heute draußen nicht genug in Bewegung? Wahrscheinlich hast du wieder nur irgendwo herumgesessen und warst völlig in deine Gedankenwelt abgetaucht“, meint sie nachdenklich.

„Oma Wallner kennt mich wirklich gut“, denkt Janis. Laut sagt er: „Stimmt gar nicht. Ich hatte sogar richtig viel Bewegung. So viele Klimmzüge und Überschläge wie heute habe ich an der Kletterstange noch nie geschafft.“ Von den Löwenkräften, die er dabei in sich gespürt hat, sagt er lieber nichts.

Ohne zu murren, geht er nach dem Abendessen direkt duschen, obwohl er das eigentlich gar nicht mag. Normalerweise versucht er es immer hinauszuzögern oder die Erlaubnis zu bekommen, ausnahmsweise einmal darauf verzichten zu dürfen.

Frau Wallner ahnt, warum das heute anders ist.

Selbst an das ausführliche Zähneputzen denkt Janis. Als er schließlich mit Schlafanzug bekleidet in der geöffneten Esszimmertür steht, sagt sie: „Heute hast du wirklich einen Rekord aufgestellt. Ich glaube, so schnell warst du noch nie bettfertig. Das sorgt dafür, dass wirklich noch eine lange Zeit zum Vorlesen bleibt.“

Janis jauchzt vor Freude laut auf. Er findet, dass es sich etwas wie Löwenjauchzen anhört.

„Unter meiner kuscheligen Bettdecke ist es echt gemütlich“, denkt er, nachdem er schnell ins Bett geschlüpft ist. „Am besten aber ist es, Oma Wallner so nah bei mir zu haben. Früher hat sich nie jemand zu mir gesetzt. Lesen, Musik hören oder spielen musste ich immer allein in meinem Zimmer. Dazu hatte ich nie Lust. Jetzt höre ich so gern Geschichten. Mit Oma Wallner ist einfach alles super, auch wenn sie manchmal richtig streng sein kann."

Zu seiner Erleichterung beginnt Frau Wallner schon, die Geschichte weiter vorzulesen:

Kapitel 3: Nicht mehr allein

Jeden Tag zeigt die Elefantenfrau Berta ihrem kleinen Schützling etwas Neues in dem großen Land *Irgendwo*. Leo findet das alles ziemlich spannend.

„Gut, dass ich jetzt nicht mehr allein bin. In Bertas Nähe fühle ich mich wirklich sicher. Ich mag sie. Von ihr möchte ich nicht mehr weg. Ich finde, wir gehören jetzt zusammen." Davon ist Leo überzeugt. Sagen mag er das nicht. „Ich weiß ja, Berta will für mich neue Löweneltern suchen. Irgendwie muss ich sie davon überzeugen, dass ich am besten bei ihr aufgehoben bin. Mal sehen, wie ich das mache und ob es mir gelingt." Jeden Abend vor dem Einschlafen ist Leo nun mit diesen Gedanken beschäftigt. Dann kuschelt er sich ganz eng an seine Beschützerin und fühlt, wie gut das tut.

Tatsächlich gehen der Elefantin ganz andere Gedanken durch den Kopf. Jeden Tag überlegt sie aufs Neue, wo im großen Land *Irgendwo* sie gute neue Eltern für ihren kleinen Schützling finden könnte.

„Leo soll die besten Löweneltern der Welt bekommen", nimmt sie sich fest vor. Zwar ahnt sie, dass er am liebsten für immer bei ihr bleiben möchte, aber sie weiß genau, dass das nicht möglich ist.

Obwohl Leo sich in Bertas Nähe so wohl fühlt, überfallen ihn manchmal auch jetzt noch Gefühle und Gedanken, von denen er endlich befreit sein möchte. Er weiß, sie sind von früher tief in ihm verborgen, scheinen sich dort richtig festgesetzt zu haben. An den meisten Tagen spürt er sie nicht. Doch dann tauchen sie ganz plötzlich wieder auf und quälen ihn.

„Bevor ich Berta kennengelernt habe, war ich meistens traurig, ängstlich und furchtbar wütend. Ich weiß noch, wie es sich angefühlt hat, von niemandem gemocht zu werden. Schrecklich einsam habe ich mich gefühlt“, erinnert sich Leo. „Aber nun geht es mir wirklich gut. Warum kommen diese blöden Gefühle trotzdem immer wieder? Ich will sie nicht! Sie sollen verschwinden! Ich bin nicht mehr einsam und allein. Ich habe jetzt Berta an meiner Seite. Sie mag mich wirklich!“, spürt Leo jeden Tag aufs Neue.

Besorgt schaut er zu der Elefantin hoch.

„Schade, dass ich noch so klein bin. Ich möchte schnell wachsen, riesengroß, stark und schlau sein wie Berta. Dann wären bestimmt andere neidisch auf mich“, wünscht er sich insgeheim.

Jeden Tag bemüht Leo sich, auf die gleiche Art zu gehen wie die Elefantin. Natürlich gelingt ihm das nicht. Seine kleinen Füße werden dabei ziemlich schnell schrecklich müde. Deshalb schreitet er nach kurzer Zeit wieder auf seine eigene Art vorwärts.

Besonders neidisch ist Leo auf Bertas langen, geschickt biegsamen Elefantenrüssel. Manchmal stellt er sich vor, selbst einen solchen zu haben. Das zaubert ihm jedes Mal ein Lächeln ins Gesicht.

Wenn Berta und er während ihrer langen Wanderungen an einem Wasserloch oder an einem kleinen See vorbeikommen, streckt die Elefantin ihren Rüssel ins Wasser, trinkt etwas und spritzt sich anschließend ausführlich mit der erfrischend kühlenden Flüssigkeit ab. Leo spürt stets, wie neidisch ihn das macht.

„Wie eine wunderbare Dusche sieht das aus“, findet er. „Es ist so gemein, dass Berta das schafft und ich nicht. Ich will endlich auch so einen Rüssel haben“, wünscht Leo und versucht, seine Nase in die Länge zu ziehen. Natürlich gelingt ihm das nicht. Es verursacht nur Schmerzen. Und richtig schlechte Laune macht es ihm zusätzlich. Dann wirft er Berta manchmal böse Blicke zu, obwohl er das eigentlich gar nicht möchte. Wütend stampft er mit seinen kleinen Pfoten so kraftvoll ins Wasser, dass es an ihm hochspritzt.

„Wie eine erfrischende Dusche fühlt es sich nicht an. So werden höchstens meine Beine nass“, klagt er. Wütend dreht er sich vom Wasser weg. Auf keinen Fall möchte er dabei zuschauen, wie Berta ihre Dusche genießt.

Es vergehen mehrere Wochen bis die Elefantenfrau merkt, wie enttäuscht, neidisch und sogar ärgerlich Leo auf ihr Duschen reagiert. Ihn derart unglücklich zu sehen, macht auch sie traurig.

Lange grübelt sie darüber nach, wie sie ihn fröhlich stimmen könnte.

Eines Tages hat sie eine hilfreiche Idee.

Als sie wieder zusammen an einer Wasserstelle ankommen und Leo schon neidisch zu ihr herüberschaut, füllt Berta ihren Rüssel mit reichlich Wasser. Langsam dreht sie sich zu Leo um und lässt die wohltuend kühlende Flüssigkeit über ihn laufen. Vor Vergnügen jauchzt Leo laut auf. Fröhlich hüpft er unter dem Wasserstrahl hin und her.

„Berta, du bist wunderbar!“, ruft er. Dankbar strahlt er sie an.

„Wenn es dir gefällt, kann ich das gern wiederholen“, lacht die Elefantenfrau. Sofort füllt sie ihren Rüssel wieder mit Wasser und ergießt es über den Löwenjungen. Leo und Berta spüren, wie glücklich es sie beide macht.

„Ich bin so froh, dass ich jetzt bei dir bin!“, ruft Leo laut aus.

„Ja, es ist wirklich gut, dass wir uns kennengelernt haben. Auch mich freut es, dich einige Zeit beschützen und versorgen zu dürfen“, sagt Berta. Liebevoll schaut sie Leo an.

„Aber irgendwann werde ich für dich die besten Löweneltern finden, die es in diesem Land gibt“, erinnert sie ihn. „Du weißt ja, auf Dauer habe ich nicht genug Zeit für dich. Ständig bin ich unterwegs, kaum zuhause. Außerdem bist du ein Löwenkind und solltest in einer Löwenfamilie aufwachsen. Dort kannst du am besten lernen, wie sich Löwen in diesem Land zurechtfinden können.“

Geräuschvoll klappt Frau Wallner das Buch zu. Überrascht schaut Janis sie an.

„Warum liest du mir nicht weiter vor? Du hast doch gesagt, heute Abend hätten wir etwas länger dafür Zeit, weil ich mich so schnell bettfertig gemacht habe.“ Enttäuschung und Ärger sind in Janis Stimme deutlich zu erkennen.

Frau Wallner nickt zustimmend. „Ja, das ist wahr. Da muss ich wohl zu meinem Wort stehen. Sonst wäre das nicht in Ordnung. Also gut, noch ein Kapitel lese ich dir vor. Aber dann musst du auch wirklich schnell schlafen. Du weißt, morgen früh in der Schule solltest du unbedingt ausgeschlafen sein. Bedenke, dass ihr eine Mathearbeit schreibt“, erinnert sie.

Janis möchte gerade daran nun gar nicht denken. Sein tiefer Seufzer ist nicht zu überhören.

„Musst du mich ausgerechnet jetzt an die Mathearbeit erinnern? Ich werde das schon schaffen! Seit einer Woche übe ich jeden Tag mit dir zusammen dafür. Kannst du mir bitte weiter vorlesen? Wenn ich an die Mathearbeit denke, bekomme ich nur schlechte Laune“, stöhnt er.

„Schlechte Laune hin oder her. Die Arbeit will getan werden. Also, abgemacht, noch ein Kapitel, und dann schläfst du sofort ein“, mahnt Frau Wallner.

„Abgemacht!“, bestätigt Janis. Tief in sich spürt er deutliches Grummeln bei diesem Versprechen. Schnell zieht er die wärmende Bettdecke hoch bis unter sein Kinn. Nur noch der Kopf ist zu sehen. Noch etwas angespannt ruht er auf dem weichen Kissen.

Frau Wallner richtet sich auf ihrem Stuhl auf, nimmt das Buch wieder zur Hand und sucht die Stelle, an der sie eben ihr Vorlesen beendet hat.

Einen Moment später schon erklärt sie: „Ah, hier ist sie ja. Nun also Kapitel 4.“ Mit fester Stimme beginnt sie zu lesen.

Kapitel 4: Gefährliche Ereignisse

Am dritten Tag ihrer Wanderschaft gelangen die Elefantenfrau und der Löwenjunge wieder an einen kleinen See. Erleichtert legen sie eine Rast ein, scherzen miteinander und trinken von dem wohltuenden Wasser.

Natürlich gibt es auch für beide wieder eine erfrischende Dusche. Leo jauchzt vor Freude. Berta ist froh darüber, ihren kleinen Schützling so glücklich zu sehen.

Kurze Zeit später legt sie sich mit Leo unter einem hohen Baum zum Mittagsschlaf nieder.

„Damit wir gleich erholt weitergehen können, sollten wir die Pause gut genießen“, sagt sie. Und genau in diesem Moment hört Berta ganz in ihrer Nähe zwischen den dicht beieinander wachsenden Wasserpflanzen etwas rascheln.

Sie erkennt sofort die Gefahr. Erschrocken hebt sie den kleinen Löwenjungen mit ihren langen, starken Stoßzähnen in die Höhe. So schnell sie kann rennt sie mit ihm ins dichte Gebüsch, das entfernt vom Wasser hinter hohen Bäumen verborgen ist. Dort erst bleibt sie stehen.

Vor Schreck konnte Leo bei der überstürzten Flucht keinen Ton von sich geben. Wie erstarrt liegt er auch jetzt noch auf den festen Stoßzähnen seiner Beschützerin. Trotz der Aufregung fühlt er sich dort ziemlich sicher und geborgen. Dreimal atmet er tief ein und aus. Erst dann flüstert er Berta zu: „Was war los? Warum hast du mich hochgehoben und bist mit mir davongerannt?“

„Das Geräusch hat mich aufmerksam gemacht“, entgegnet die Elefantin. „Glücklicherweise habe ich so große Ohren, dass ich auch sehr leise Geräusche gut hören kann. Das kann manchmal äußerst wichtig sein. Eben hat es dir wohl das Leben gerettet. Unten am Wasser zwischen den Wasserpflanzen lauerte ein Krokodil. Es war schon auf dem Weg zu dir, um dich zu verspeisen.“

„Dann hast du mir gerade das Leben gerettet.“ Leos Stimme zittert bei dem Gedanken an das Krokodil nun doch.

Von seinem Platz auf den Stoßzähnen aus schmiegt er sich ganz dicht an den mächtigen Elefantenkopf.

„Noch nie hat mich jemand so gut beschützt wie du“, stößt er hervor.

„Deshalb bin ich jetzt für dich da bis wir eine neue Löwenfamilie für dich gefunden haben“, lacht Berta. Sie fühlt sich dabei sehr glücklich.

Leo stimmt in das Lachen ein. Er gerät dabei so heftig ins Rutschen, dass er fast von den starken Stoßzähnen der Elefantin heruntergefallen wäre. Vorsichtig lässt Berta ihn auf den Boden hinunter.

Nach einem Mittagschlaf ist ihnen nicht mehr zumute. Der Schreck hat alle Müdigkeit aus ihnen vertrieben. Noch einmal atmen sie tief durch bevor sie ihre Wanderschaft fortsetzen. An schwierigen Stellen geht die erwachsene Elefantenfrau voraus und erleichtert ihrem Schützling so den Weg durch das Dickicht.

„Heute haben wir aber einen besonders anstrengenden Weg erwischt“, stöhnt Leo. „Schau nur, Berta, da vorne wird es schon wieder ganz eng. Ziemlich viele Dornen scheinen dort im Gebüsch unter den Bäumen zu sein.“

„Warte nur einen Moment. Ich gehe vor und bahne uns einen Weg“, verspricht Berta. Selbst ihr fällt es schwer, hier den weiteren Weg zu erkennen. Langsam kämpft sie sich Schritt für Schritt vorwärts. Der kleine Löwenjunge versucht, möglichst dicht hinter ihr zu bleiben. Auf keinen Fall will er sie aus den Augen verlieren.

Plötzlich fällt mit einem lauten Zischen etwas von oben herab. Erschrocken zucken Leo und Berta zusammen. Sofort wollen sie zur Seite springen, aber es ist schon zu spät. Das herabgefallene gewaltige Netz ist eine Falle, die von einem Tierjäger oben im Baum aufgehängt wurde. Entsetzlich eng und fest umschließt es nun die Elefantenfrau, so dass diese sich nicht mehr bewegen kann. All ihre Kräfte nutzen ihr in diesem Moment nichts mehr. Diesem Netz hilflos ausgeliefert, kann sie nur noch leise Klagelaute von sich geben. Verzweifelt hält sie nach ihrem kleinen Schützling Ausschau, so gut es ihr noch möglich ist. Ihren Kopf vermag sie nicht mehr zu drehen, nur noch ein Auge zu öffnen und zu schließen.

„Jetzt ist Leo schon wieder allein. So gefangen kann ich mein Versprechen, ihn zu beschützen, doch nicht halten“, denkt sie und spürt, wie sie vor Verzweiflung und Enttäuschung zu weinen beginnt.

Starr vor Schreck schaut Leo auf die noch kurz zuvor so starke Elefantenfrau. Sie derart gefesselt in großer Not zu sehen, kann er kaum ertragen.

Bertas Tränen vergrößern sein Entsetzen. Gleichzeitig spürt er Mut in sich wachsen.

„Ich muss Berta helfen!“, denkt er immer wieder. „Ich muss es einfach schaffen, auch wenn ich jetzt noch nicht weiß, wie mir das gelingen kann.“

Voller Angst, Traurigkeit und Verzweiflung brüllt er so laut er kann. Seine aufsteigende Wut gibt ihm besonders viel Kraft dazu. Er meint, alle anderen Tiere müssten es hören und zu Hilfe eilen. Aber es nützt nichts. Die Elefantin bleibt reglos gefangen in ihrem engen Gefängnis.

Ganz heiser wird Leo vom lauten Brüllen. Irgendwann klingt seine Stimme nur noch kläglich leise.

Mutlos lässt Leo seinen Körper zu Boden sinken. Auch aus seinen Augen tropfen nun Tränen und sickern in den trockenen Waldboden.

„Wahrscheinlich haben alle Angst vor diesem Netz, das selbst eine starke Elefantenfrau so eng fesseln und bewegungslos machen kann", überlegt Leo und spürt, wie sein Körper zu zittern beginnt. Zunächst sind es nur die Beine und Pfoten, die sich wackelig anfühlen und wie von selbst bewegen. Dann setzt sich das Zittern im Bauch, Hals und Kopf fort. Es ist, als würde sein ganzer Körper von einem gewaltigen Beben erschüttert.

„Hör auf zu zittern", schreit Leo in sich hinein, „ich habe gerade überhaupt keine Zeit dazu wackelig zu sein. Ich muss doch irgendwie meine Beschützerin retten."

Schon fühlt er sich wieder wie früher, allein und schrecklich im Stich gelassen. Aufgeben will er aber auf gar keinen Fall.

Traurig schaut er auf die gefangene Elefantenfrau. Nur noch ein Augenlid kann sie mühsam heben. Sich irgendwie anders zu bewegen, ist ihr nicht mehr möglich.

„Ich helfe dir", flüstert Leo, „ich helfe dir ganz bestimmt. Wenn ich nur wüsste wie."

Nicht weit von ihnen entfernt sieht er einen Mann auf einem Stuhl sitzen. Er hat seinen Kopf gegen einen der besonders hohen Bäume gelehnt. Lächelnd schaut er zu der gefangenen Elefantenfrau herüber.

Obwohl Leo sich in diesem großen Land *Irgendwo* noch nicht richtig auskennt, begreift er in diesem Moment sofort, um wen es sich bei dem Mann handelt. Selbst Leo hat schon von diesem berühmten Elefantenjäger gehört. Während der letzten Jahre soll er angeblich zahlreiche Tiere gefangen und getötet haben. Leo ist sicher, dass er auch dieses genau geplant hat und sich nun über seine neue Beute freut.

„Berta bekommst du nicht! Sie hat mich gerettet, jetzt helfe ich ihr. Ich lasse nicht zu, dass du sie tötest", murmelt Leo leise vor sich hin. Er wirft dabei einen langen, sehr wütenden Blick hinüber zum Elefantenjäger. Dieser scheint sich für ihn, den kleinen Löwenjungen, gar nicht zu interessieren.

„Bestimmt ist er heute nur auf Elefantenjagd", vermutet Leo. Er ahnt, dass dieser berühmte Elefantenjäger noch auf seine Hilfsjäger wartet, mit denen zusammen er dann seine Beute töten will.

„Aber nicht meine wunderbare Retterin! Sie bekommst du nicht. Das schwöre ich dir! Ich lasse es einfach nicht zu. Ganz schnell muss ich mir etwas einfallen lassen, sonst ist es zu spät", befürchtet Leo.

In seiner Not macht er schnell das, was er einmal von der Elefantin gelernt hat. Angeblich soll das helfen, wieder besser denken und hilfreicher fühlen zu können.

Voll konzentriert bewegt er seinen Kopf zunächst von der rechten Seite zur linken und dann von der linken zur rechten. Genau dreimal macht er das.

Tatsächlich spürt er seine inneren Kräfte, ganz besonders seinen Mut, dabei wachsen.

„Es hilft", jubiliert es in Leo. „Es hilft wirklich!"

Obwohl es der Elefantenfrau nur mit einem ihrer Augen möglich ist, scheint sie ihm ermutigend zuzuzwinkern. Das macht Leo sehr glücklich.

Plötzlich weiß er genau, was er zu tun hat. Er schaut zu dem Elefantenjäger hinüber, der auf seinem Jägerstuhl immer müder zu werden scheint. Die Sonne und die in den Bäumen zwitschernden Vögel helfen dabei. Irgendwann sinkt der Kopf des Mannes weiter nach unten. Nur noch von einem dicken Baumstamm wird er ausreichend abgestützt. Leo beobachtet das alles ganz genau. Er weiß, dass er geduldig sein muss, um seinen Plan in die Tat umsetzen zu können.

Irgendwann ist Leo sich sicher, dass der gefährliche Jäger nun wirklich eingeschlafen ist. Dessen lautes Schnarchen bestätigt es schon bald.

Vorsichtig schleicht sich der kleine Löwe ganz nah an das Netz heran, das der Elefantenfrau zum Gefängnis wurde.

„Ich muss sehr leise sein, damit der Elefantenjäger nicht wach wird. Bestimmt wird es schwer werden. Aber ich gebe nicht auf! Zumindest will ich es versuchen, Berta zu befreien. Ich lasse sie nicht im Stich!“ Da ist sich Leo ganz sicher.

Mit seinen kleinen, aber äußerst spitzen und scharfen Zähnen beginnt er am Netz zu nagen. Er erinnert sich, früher mit seinen Zähnen schon vieles zerbissen zu haben, richtig geübt darin gewesen zu sein.

„Damals habe ich meine Zähne oft benutzt, um aus Wut und Traurigkeit etwas kaputt zu machen. Jetzt können sie mir vielleicht helfen, Berta zu retten. Ich muss mich beeilen, unbedingt schneller sein als diese gemeinen Hilfsjäger, die vielleicht schon auf dem Weg hierhin sind.“ Leo sagt sich das immer wieder. Deutlich spürt er seine Kraft wachsen. Ziemlich stark fühlt er sich jetzt schon. Er weiß, dass er weiter Geduld haben muss. Auf keinen Fall will er aufgeben.

Zunächst zerbeißt er eine Stelle am Netz, dann eine zweite und bald schon eine dritte.

Plötzlich sieht er das eine Elefantenauge freudig aufblitzen.

Sofort erkennt Leo den Grund. Erleichtert atmet er auf.

Das Netz ist jetzt an einer Stelle so weit zerbissen, dass die Elefantenfrau ihren dicken, starken Fuß etwas bewegen kann. Mit großer Mühe streckt sie ihn zunächst zur rechten Seite, dann zur linken. Genau dreimal macht sie das. Es reicht aus, um das Loch im Netz etwas größer werden zu lassen. Schon kann die Elefantin ihre Kraft wieder besser nutzen.

Eilig zerstört sie Stück für Stück das ganze Netz, das sie gefangen gehalten hatte. Ängstlich schaut sie dabei immer wieder zu dem schlafenden Jäger hinüber. Ebenso wie Leo befürchtet auch sie, der Mann könnte aufwachen und sie doch noch töten.

Plötzlich setzt sich eine Stechmücke ausgerechnet auf die Nasenspitze des Jägers. Vor Schreck halten Berta und Leo den Atem an.

Glücklicherweise verscheucht der Elefantenjäger die kleine

Mücke mit einer schnellen Handbewegung, ohne seine Augen dabei zu öffnen.

„Da habe ich nochmal Glück gehabt“, denkt Berta und lächelt Leo zu.

„Bitte beeile dich, zerreiße das Netz schnell, sonst wird dieser schreckliche Mensch doch noch wach“, drängt der kleine Löwenjunge.

Nach mehreren Versuchen und zahlreichen Minuten, die beiden schrecklich lang vorkommen, hat die Elefantin es geschafft. Sie ist wieder frei!

Das Netz liegt nun völlig zerrissen am Boden. Damit kann kein Tier mehr gefangen werden.

Erleichtert umarmt Berta Leo mit ihrem biegsamen Rüssel. Bevor sie gemeinsam leise davonschleichen, wirft Berta Leo noch einen liebevollen Blick zu. Das macht Leo sehr glücklich.

Erst als sie weit genug entfernt sind, legen sie eine kurze Rast ein. Beide atmen tief ein und aus. Sie dehnen und schütteln ihre Beine, den Kopf, den ganzen Körper, um den Schreck auf diese Weise loszuwerden.

Schließlich sagt die Elefantenfrau: „Danke, mein Kleiner! Jetzt hast du mir das Leben gerettet. Wie gut, dass wir beide unterschiedliche Fähigkeiten haben. So ergänzen wir uns hervorragend.“

Nachdenklich schaut Leo vor sich hin. Schließlich nickt er zustimmend mit seinem kleinen Kopf. Jetzt bedauert er gar nicht mehr, keinen langen Elefantenrüssel zu besitzen. Stattdessen genießt er voller Stolz, so spitze, scharfe Zähne zu haben, mit denen er sogar derart starke Tiere wie ausgewachsene Elefanten zu retten vermag.

Erleichtert ziehen Berta und Leo weiter. Von Zeit zu Zeit bleibt die Elefantin stehen.

„Ab jetzt werde ich meine Augen und Ohren noch weiter aufsperren. Ich will mögliche Gefahren unbedingt rechtzeitig erkennen. Schließlich habe ich dir fest versprochen, dich zu umsorgen und zu beschützen bis ich eine geeignete neue Löwenfamilie für dich gefunden habe", erklärt sie.

„Als du in dem Netz gefangen warst, hatte ich entsetzlich große Angst um dich. Ich bin so froh, bei dir sein zu dürfen. Du lässt mich nicht im Stich, oder?", flüstert Leo so leise, als solle es niemand hören.

Die großen Elefantenohren haben aber jedes Wort genau verstanden.

Nachdenklich senkt Berta ihren Kopf noch etwas weiter nach unten, um dem kleinen Löwenkind direkt in die Augen schauen zu können.

„Oh ja, für eine Weile bleiben wir zusammen, genau so lange, bis ich eine gute neue Löwenfamilie für dich gefunden habe. Ganz verlieren wirst du mich auch danach nicht. Ich werde dich oft besuchen und schauen, wie es dir geht. Sicher hast du mir dann viel zu erzählen. Ich bin jetzt schon ganz gespannt darauf", sagt sie.

Erleichtert atmet Leo auf.

„Wenigstens werde ich Berta nicht ganz verlieren", denkt er. „Bestimmt hält sie ihr Versprechen. Ich weiß, dass ich mich auf sie verlassen kann. Schon oft hat sie mir das bewiesen."

Fast gleichzeitig drehen Leo und Berta ihre Köpfe von der rechten zur linken Seite und dann von der linken zur rechten. Genau dreimal machen sie es.

„So, ich glaube, jetzt haben wir uns ausreichend von dem Schreck erholt. Lass uns weitergehen, wir haben noch einen langen Weg vor uns", rät Berta. Sanft stupst sie Leo an.

„Nun musst du aber wirklich schnell einschlafen", sagt Frau Wallner, bevor sie das Buch für diesen Abend endgültig zuschlägt.

Sofort richtet Janis sich im Bett auf.

„Wenn du in Gefahr wärst, hätte ich auch Angst um dich.

Ich könnte es nicht ertragen, wenn dir etwas passieren würde. Dich darf ich niemals verlieren", stößt Janis hervor. Frau Wallner hört die Sorge in seiner Stimme. Beruhigend legt sie ihren Arm um ihn.

„Ich will doch auch nicht, dass du mich verlierst. Nur weiter zusammenwohnen, das werden wir bald nicht mehr. Du wirst hoffentlich verstehen, dass ich dazu viel zu alt bin. Aber Gedanken mache ich mir reichlich um dich. Eben weil du mir wichtig bist, ist das so. Und deshalb möchte ich, dass die für dich wirklich passenden Menschen gefunden werden. Über Besuche von dir würde ich mich freuen. Auch ich werde gern manchmal zu dir kommen, um nach dir zu sehen. Du siehst, verlieren werden wir uns nicht, wenn du das nicht möchtest", verspricht Frau Wallner.

Erst jetzt erhebt sie sich von ihrem Platz. Wie jeden Abend umarmt sie Janis auch heute noch einmal liebevoll, bevor sie das Zimmer verlässt.

„Gute Nacht Oma Wallner", ruft Janis ihr nach. „Liest du mir morgen nach der Schule weiter aus dem Buch vor?"

Eine Antwort bekommt er nicht mehr. Janis weiß nicht, ob seine Pflegeoma die Frage nicht gehört hat oder sie jetzt nicht mehr beantworten möchte.

„Wahrscheinlich will sie, dass ich schnell einschlafe. Besser ist, ich lasse sie jetzt in Ruhe", entscheidet er und kuschelt sich unter seine Bettdecke. Den Stofflöwen, den er vor einigen Jahren zum Geburtstag geschenkt bekommen hat, hält er fest im Arm. Ohne ihn kann Janis nicht einschlafen. Das weiß er ganz genau, auch wenn es ihm manchmal unangenehm ist.

„Ab jetzt nenne ich dich Leo", flüstert Janis dem Stofftier zu. Kaum hat er dieses ausgesprochen, gleitet er auch schon in das Reich der Träume.

Beim Frühstück wirkt Frau Wallner sehr müde. Janis dagegen fühlt sich hellwach. Unbedingt möchte er von seinem Traum erzählen. Er hofft, dass Frau Wallner ihm trotz ihrer großen Müdigkeit zuhören mag.

„Oma Wallner, ich muss dir unbedingt etwas erzählen", drängt er. „In der Nacht habe ich von der Geschichte geträumt. Ich selbst war auch dort zwischen den hohen Bäumen. Allen Tieren aus dem Buch bin ich begegnet. Mit dem Löwenjungen Leo habe ich mich sogar angefreundet. Das war ziemlich gut. Berta mochte mich auch, aber sie hat sich natürlich mehr um Leo gekümmert als um mich."

Frau Wallner lacht. „Na", sagt sie, „um dich kümmere ich mich ja. Das muss die Elefantenfrau nicht auch noch machen. Sie hat schon genug mit Leo zu tun."

Da muss auch Janis lachen.

„Stimmt", meint er, „meine Elefantenfrau bist ja du."

„Und nun, mein Löwenjunge, schnell in die Schule! Hast du auch alle Sachen dabei? Denk an die Mathearbeit. Ich wünsche dir alles Gute dafür!", drängt Frau Wallner nun.

„Jetzt klingst du wie meine Lehrerin", sagt Janis. Eilig zieht er Jacke und Schuhe an und macht sich auf den Weg zur Schule.

Wie fast jeden Tag fällt es Janis auch heute wieder sehr schwer, im Unterricht aufzupassen. Weil er oft so zappelig ist, muss er an einem Einzeltisch sitzen. Manche Kinder hänseln ihn deshalb. Andere versuchen ihn zu trösten. Janis mag beides nicht. Er möchte einfach sein wie die anderen Kinder und auch so behandelt werden.

„Warum schaffe ich das nicht? Immer bin ich so komisch, richtig sonderbar, irgendwie nicht in Ordnung. Ich gebe mir wirklich Mühe, aber dann geht doch ständig etwas schief. Manchmal rede ich laut vor mich hin, obwohl ich das gar nicht möchte. Fast jeden Tag falle ich mit meinem Stuhl um. Ich weiß auch nicht, wie mir das immer passieren kann. Alle denken, ich mache das absichtlich. Aber das stimmt nicht! Warum glaubt mir das keiner?", denkt Janis und merkt nicht, dass er schon wieder heftig mit dem Stuhl kippelt. Nur einen Moment später fällt er krachend samt Stuhl zu Boden. Einige Kinder lachen schallend. Janis merkt, wie ihm Tränen in die Augen steigen.

„Jetzt heult er auch noch“, ruft Thomas laut in die Klasse hinein.

Wütend läuft Janis zu ihm hinüber. Noch bevor die Lehrerin einschreiten kann, zerrt er so heftig an Thomas, dass dieser ebenfalls samt Stuhl zu Boden fällt.

„Was soll das Janis? Lass sofort Thomas in Ruhe. Setz dich wieder auf deinen Platz“, fordert die Lehrerin. Janis spürt, wie ärgerlich sie ist.

„Lasst mich doch alle in Ruhe. Ich hasse euch!“, schreit er und hastet aus dem Klassenzimmer.

So schnell er kann, rennt er den langen Schulflur entlang, die Treppe hinunter, durch die Pausenhalle zu den Toiletten. Dort angekommen, schlägt er die Tür hinter sich zu, betritt eine Toilettenkabine und verschließt sie mit Nachdruck. Erst jetzt kommt er etwas zur Ruhe. Hier, hinter der verschlossenen Tür, traut er sich, seine Tränen fließen zu lassen. Ganz fest nimmt er sich vor, nie mehr in seinen Klassenraum zurückzukehren.

Am liebsten würde er es machen wie Leo aus dem Buch. Aus Wut einfach etwas kaputtschlagen, jemanden anschreien oder ihm so richtig weh tun.

Gerade jetzt muss er an seine Oma Wallner denken, die immer sagt, so etwas sei doch keine Lösung. Jemandem aus Wut wehzutun oder extra etwas zu zerstören, helfe gewiss nicht, mache alles nur noch schlimmer, meint sie immer.

Janis spürt, wie sein Kopf zu schmerzen beginnt. Langsam reibt er sich über die Stirn. Und genau in diesem Moment erinnert er sich an die Elefantenfrau und den kleinen Löwenjungen aus der Geschichte. Ein klein wenig muss Janis jetzt sogar lächeln. Dann bewegt er sich so, wie Berta und Leo es zusammen gemacht haben, um sich zu beruhigen. Er dreht seinen Kopf von der rechten Seite zur linken und von der linken zur rechten. Genau dreimal macht er es. Anschließend atmet er noch dreimal tief ein und aus.

„Okay", entscheidet er nun, „jetzt kann's weitergehen."

Mit kraftvollen Schritten verlässt er den Toilettenbereich, geht durch die Pausenhalle, die Treppe hinauf, den langen Flur entlang und betritt ohne zu zögern sein Klassenzimmer. Irgendwie hat er das Gefühl, Leo und Berta seien neben ihm und würden ihm Kraft geben.

Beim Mittagessen erkundigt sich Frau Wallner: „Na, wie war's in der Schule?"

Janis sieht auf seinen Teller. Er antwortet nur kurz: „Ganz okay, wie immer."

Nachdenklich schaut Frau Wallner ihn an. „Und die Mathearbeit? Hast du alles gewusst?", will sie wissen.

„Manches ja, manches nicht", gibt Janis zur Antwort. Er will darüber nicht länger reden.

Oma Wallner scheint das zu verstehen. Sie stellt keine weiteren Fragen. Ziemlich schweigsam ist es nun zwischen den Beiden.

Später, beim gemeinsamen Tischabräumen, fragt Janis: „Kannst du mir gleich aus dem Buch weiter vorlesen? Bitte! Ich mache dann anschließend auch sofort meine Hausaufgaben."

„Eigentlich kannst du auch schon allein gut lesen. Du brauchst mich doch gar nicht dazu", erinnert Frau Wallner ihn.

„Ja, schon. Aber wenn du mir vorliest, ist es viel gemütlicher", meint Janis.

„Das stimmt", bestätigt Oma Wallner. Als wolle sie ihre Worte noch bekräftigen, nickt sie zustimmend mit dem Kopf. „Dann komm, lass es uns auf dem Sofa gemütlich machen, und ich lese dir dabei weiter vor."

„Machst du mir auch wieder einen Kakao und dir einen Kaffee?“, erkundigt sich Janis.

„Ja, auch das passt zur Gemütlichkeit. Außerdem habe ich jetzt nach dem Essen tatsächlich großen Kaffeedurst. Bring bitte schon das Buch zur Couch, ich komme dann mit Kakao und Kaffee nach“, schlägt Frau Wallner vor.

„Du bist die beste Oma der Welt“, sagt Janis. Vor Freude zum Regal hüpfend, holt er das Buch. Kaum hat er auf der Couch Platz genommen, schlägt er die passende Seite auf.

Wenige Minuten später stehen der Kakao und der Kaffee duftend auf dem Tisch vor ihnen. Vorsichtig nehmen Frau Wallner und Janis einen Schluck von den heißen Getränken. Erst jetzt beginnt Frau Wallner vorzulesen.

Kapitel 5: Weitere Schrecken

Eine Zeit lang gehen die Elefantenfrau und der kleine Löwenjunge stumm nebeneinander des Weges. Nach einer Weile beginnt Berta zunächst leise, dann immer lauter, mit ihrem Rüssel ein fröhliches Lied zu trompeten. Lachend stimmt Leo mit seiner noch hellen Löwenstimme ein. Über ihnen kreisen Vögel in der Luft, die sich an diesen Melodien zu erfreuen scheinen. Verschiedene Tiere stimmen auf ihre Art in das Lied ein.

Lächelnd schaut der Löwenjunge zu Berta hinüber.

„Es ist so schön hier. Alle sind guter Laune und sooo fröhlich. Wenn es doch immer so wäre“, sagt er.

„Wenn es immer so wäre, wäre es ja nichts Besonderes mehr“, meint Berta. Leo spürt, dass er es trotzdem gut fände, aber das sagt er lieber nicht laut.

Als sie wenig später wieder einmal kurz stehen bleiben, um aufmerksam in alle Richtungen zu schauen und zu lauschen, raschelt plötzlich etwas über ihren Köpfen. Erschrocken springen sie zur Seite. Schnell schauen sie nach oben in die dicht beieinander wachsenden Bäume. Beide befürchten sie, dass auch hier zwischen den Ästen wieder eine Falle angebracht ist, die gleich von oben auf sie herabstürzen könnte.

Aber nichts dergleichen geschieht.

Stattdessen hören sie ein sonderbares Zischen und Rascheln aus einer der Baumkronen.

Aufmerksam horcht die erfahrene Elefantenfrau auf dieses Geräusch. Einen kleinen Moment später atmet sie erleichtert auf. Das Zischen und Rascheln kommt ihr ziemlich bekannt vor. Sie ahnt nun, wer diese Geräusche verursacht.

„Bist du es Kira, die uns so einen großen Schreck eingejagt hat?", will sie wissen.

Ein helles Kichern von oben ist zunächst die einzige Antwort.

„Wer ist Kira?", erkundigt sich Leo flüsternd. Erneut legt sich die Angst wie eine dunkle Wolke um ihn. Seine noch dünnen Beine beginnen heftig zu zittern. So sehr er sich auch bemüht, er kann sie einfach nicht zur Ruhe bringen. Das Zittern droht sich wieder im ganzen Körper ausbreiten zu wollen. Leos Herz pocht laut. Er ist froh, dass niemand es hören kann.

Vorsichtig schaut er zu Berta hinüber.

„Das ist ja komisch. Berta wirkt richtig fröhlich. Eben war sie doch auch erschrocken", denkt Leo verwirrt.

„Nun zeig dich schon", hört er die Elefantin mit kraftvoller Stimme sagen.

Suchend schaut Berta hoch hinauf in den Baum.

„Merkst du nicht, wie sehr du meinen kleinen Schützling hier an meiner Seite erschreckt hast? Angst kann sich entsetzlich anfühlen, richtig zittrig machen, das siehst du doch", ruft sie. „Ich weiß ja, dass du eigentlich ganz in Ordnung bist. Sicher willst du dir nur einen Scherz mit uns erlauben. Aber schau doch, dieser kleine Löwenjunge ist ganz zittrig vor Angst. Er kann sich kaum noch bewegen. Also Kira, komm endlich hervor."

Leo spürt, dass Berta nicht mehr in Sorge ist. So richtig vermag ihn das nicht zu beruhigen.

„Ich würde ja gern glauben, dass da oben im Baum nichts Gefährliches auf uns lauert. Aber was ist, wenn Berta sich irrt? Vielleicht denkt sie nur, dass es jemand ist, den sie kennt.

Ich bin lieber vorsichtig. Auch eine erwachsene Elefantenfrau wie Berta kann sich täuschen“, befürchtet Leo. Gern wäre er jetzt unsichtbar.

Einen Moment später sieht Leo Kira ganz nah vor Bertas dickem Kopf auftauchen. Sie ist eine ausgewachsene, wunderschöne, ganz besonders lange Schlange mit herrlicher Musterung an ihrem schlanken Schlangenkörper.

„Da ist mir die Überraschung wohl gelungen“, sagt sie lachend zur Elefantenfrau. Geschmeidig schlängelt sie sich dabei noch ein Stückchen weiter den Ast hinunter. Ihr Kopf hängt nun fast vor Bertas Augen. Die letzten Zentimeter ihres beeindruckend langen Schlangenkörpers schlingen sich geschickt um einen dicken Ast. Dieser gibt ihr ausreichend Halt. Die Schlange scheint sich dort ganz sicher und wohl zu fühlen.

Entschuldigend schaut sie zum Löwenkind hinunter.

„Dich wollte ich wirklich nicht erschrecken. Zuerst habe ich dich gar nicht gesehen neben deiner großen Begleiterin. Du musst wissen, diese wunderbare Elefantenfrau und ich erlauben uns gegenseitig manchmal Scherze miteinander. Das vertreibt uns die Langeweile, die hier zeitweise herrscht“, erklärt die Schlange. Sie meint es wohl als Entschuldigung.

Allmählich beruhigt Leo sich. Auch seine Beine zittern nicht mehr. Erleichtert atmet er einmal ganz tief durch. Und noch einmal. Und noch einmal.

„Anscheinend sind Berta und diese Schlange wirklich gute Freundinnen. Trotzdem hätte Kira uns nicht so erschrecken müssen“, findet Leo. Am liebsten würde er ihr mehrere böse Blicke zuwerfen. Vorsichtshalber lässt er es aber lieber sein.

„Vielleicht würde Berta mir das übel nehmen“, überlegt er.

Lange unterhalten sich Berta und Kira. Leo beobachtet, wie sie miteinander lachen. Ein bisschen neidisch macht es ihn schon. Irgendwie fühlt er sich ausgeschlossen.

Um sich die Langeweile etwas zu vertreiben, schaut er einem kleinen Vogel nach, der unruhig von Baum zu Baum fliegt. Erst als dieser nicht mehr zu sehen ist, wendet Leo sich wieder Berta und Kira zu.

Plötzlich klingt die Stimme der Schlange ernst, irgendwie warnend.

„Aufpassen solltet ihr auf Sina. Sie ist heute wieder besonders schlechter Laune. Bestimmt will sie jemanden erschrecken oder ärgern. Geht ihr lieber aus dem Weg, sie kann sehr gemein sein“, rät Kira.

„Wer ist Sina?“ will Leo sofort wissen.

„Ach, sie ist ein kleines, angeberisches, manchmal sehr gemeines Spinnenmädchen. Leider hat sie oft Spaß daran, anderen Angst zu machen. Eigentlich handelt sie sich dadurch nur Ärger ein. Das scheint sie aber nicht zu verstehen. In Wirklichkeit steckt sie selbst voller Angst. Das möchte sie aber vor anderen verbergen. Ihr fehlt der Mut, es zuzugeben. Ständig befürchtet sie, jemand könne ihr etwas antun. Wahrscheinlich hat sie das schon oft erlebt“, erklärt Berta ihrem kleinen Begleiter.

„Du hast völlig recht“, bestätigt Kira. „Eigentlich ist Sina voller Angst und Wut, weil ihr schon oft Leid zugefügt wurde. Jetzt droht sie jedem damit, Gift in ihn hineinsprühen zu wollen. Anscheinend fühlt sie sich dadurch sicherer. Aber natürlich erreicht sie eher das Gegenteil. Niemand mag sie. Keiner will mit ihr etwas zu tun haben.“

Vorsichtig schaut Leo zu Berta.

„Vielleicht braucht Sina auch jemanden, der sich um sie kümmert“, flüstert er ihr zu. „Manchmal ist man gemein zu anderen, obwohl man das gar nicht möchte. Nur so aus Wut passiert das dann. Wenn die so groß ist, dass sie einfach aus einem herausplatzt, ist man plötzlich gemein zu anderen. Ich kenne das auch noch von früher.“

Liebevoll schaut die Elefantenfrau auf ihren kleinen Schützling.

„Inzwischen hast du dich aber sehr verändert“, versichert sie. „Richtig stolz kannst du auf dich sein. Kürzlich hast du mir sogar das Leben gerettet. Und jetzt zeigst du Mitgefühl mit dem Spinnenmädchen. Aber du hast völlig recht. Jemand müsste sich um dieses verlassene Spinnenkind kümmern. Am besten wird es sein, dass ich die Nachricht sofort an unsere Hilfsgruppe weitergebe."

Bevor Leo oder Kira noch etwas sagen können, stößt Berta laute Signaltöne mit ihrem Rüssel aus. Leo ist sicher, dass diese bis ins Reich der Hilfsgruppe zu hören sind.

„Nun lass uns aber weitergehen. Wir haben noch einen langen Weg vor uns. Du wirst sehen, dass bald alles für dich gut wird. Jedenfalls ziemlich viel", verspricht Berta.

Die Schlange Kira sieht den beiden noch eine Weile nach. Auch sie bemerkt nicht, dass die kleine Spinne Sina hoch oben im Baum sitzend alles beobachtet hat.

„Hoffentlich wird für mich auch einmal alles gut", wünscht Janis, kaum dass Frau Wallner das Vorlesen beendet hat.

„Ich glaube fest daran!", entgegnet sie sofort.

„Wenn ich bei dir bleiben dürfte, würde es mir ganz sicher gut gehen. Aber du schickst mich ja weg", sagt Janis. Wieder klingt er sehr vorwurfsvoll, ziemlich enttäuscht, traurig und auch ärgerlich.

„Du weißt, dass das so nicht stimmt", erwidert Frau Wallner. „Gerade weil dein Wohlergehen mir wichtig ist und ich dich mag, möchte ich, dass für dich ein gutes neues Zuhause mit jüngeren Erwachsenen gefunden wird. Dort kannst du dann endlich in Ruhe aufwachsen. Ich habe dir schon erklärt, dass ich viel zu alt bin, um dich noch jahrelang zu versorgen. Rede dir bitte nicht immer wieder selbst ein, ich würde dich wegschicken. Damit tust du dir und mir weh. Ich finde das nicht gut und sogar etwas gemein."

Janis möchte nicht gemein sein. Nicht zu seiner Oma Wallner und auch nicht zu sich selbst. Ganz tief atmet er durch, einmal, zweimal, dreimal. Jetzt fühlt es sich in ihm schon etwas leichter an.

„Liest du mir weiter vor? Es ist so gemütlich hier mit dir zusammen auf der Couch. Außerdem möchte ich, dass wir die ganze Geschichte gelesen haben, bevor ich in eine neue Familie oder eine Wohngruppe komme“, bittet Janis.

„Na gut“, entscheidet Frau Wallner. „Ausnahmsweise noch ein Kapitel, weil du wahrscheinlich recht hast. Sicher wird für dich schon bald ein guter neuer Ort zum Aufwachsen gefunden werden. Kann sein, dass der Umzug bereits in ein bis zwei Wochen stattfindet.“

„Darf ich die Leute, zu denen ich ziehe, vorher kennenlernen?“, will Janis nun wissen.

„Selbstverständlich. Ich glaube, erst werden sie dich hier besuchen, und dann darfst du für einen Tag oder ein Wochenende zu ihnen und dir dort alles genau anschauen. Sollst mal sehen, wahrscheinlich wirst du ganz begeistert sein“, meint Frau Wallner.

„Jetzt will ich lieber nicht mehr darüber sprechen und auch nicht länger daran denken. Bitte, lies weiter vor“, wünscht Janis. Etwas wackelig klingt seine Stimme dabei.

„Du hast recht, jetzt sehen wir erstmal, wie es in dem Buch weitergeht. Der nächste Teil erzählt hauptsächlich vom Spinnenmädchen“, erklärt Frau Wallner und beginnt zu lesen.

Teil II:
Schritte zur Rettung

Kapitel 6: Sina

Ebenso wie der Löwenjunge Leo lebt auch das kleine Spinnenmädchen Sina in diesem großen Land *Irgendwo*. Schon sehr viel Aufregendes, manchmal Schönes, häufig Interessantes, aber oft auch Schreckliches hat es dort erlebt.

Jetzt schaut Sina, die sich geschickt in der großen Baumkrone versteckt hat, Leo und Berta nach.

„Ich möchte auch jemanden finden, der mich mag. So einsam und von allen verstoßen zu sein fühlt sich schrecklich an", spürt sie gerade in diesem Moment wieder besonders deutlich. Traurigkeit breitet sich in ihrem kleinen Körper aus.

„Ich will dich nicht!", schreit Sina der Traurigkeit entgegen. „Verschwinde! Du tust mir weh! Ich mag dich nicht."

Schon spürt Sina Wut in sich aufsteigen. Eine herrlich kraftvolle Wut. Sie schafft es, die Traurigkeit zur Seite zu drängen.

„Es ist so ungerecht! Keiner vertraut mir, niemand will sich um mich kümmern. Das tut so weh! Wenn alles ohnehin so bleibt, muss ich mich gar nicht mehr bemühen, freundlich zu sein. Dann kann ich auch gemein bleiben, das gelingt mir sowieso besser."

„Was hast du denn für sonderbare Gedanken", meldet sich eine Stimme, die nicht weit von ihr entfernt zu sein scheint.

Erschrocken schaut das kleine Spinnenmädchen nach oben

und nach unten, nach links und nach rechts, kann aber niemanden entdecken.

„Bestimmt habe ich mir die Stimme nur eingebildet. Da ist niemand, höchstens der Wind, der in den Blättern um mich herum raschelt“, entscheidet Sina. Vorsichtshalber rollt sie sich aber doch zu einer kleinen Kugel zusammen. Mit einem Bein hält sie sich an einem dünnen Ast fest.

Ziemlich weit oben in der Baumkrone ist sie jetzt. Hier fühlt sie sich am sichersten.

„So weit oben zwischen den Blättern wird mich bestimmt niemand entdecken.“ Davon ist Sina fest überzeugt.

„Trotzdem fühle ich mich hier überhaupt nicht wohl. Ich mag es nicht, ständig allein zu sein und von allen im Stich gelassen zu werden. Nicht einmal meine Eltern wollten sich um mich kümmern. Vielleicht würde der Löwenjunge Leo mich verstehen, aber selbst er ist jetzt weggegangen. Wahrscheinlich ist für ihn alles in Ordnung seit die Elefantenfrau Berta für ihn sorgt.“

Tränen fließen aus Sinas kleinen Spinnenaugen. Mit einem ihrer dünnen Beine versucht sie, diese schnell wegzuwischen.

„Warum kümmert sich niemand um mich? Ich brauche auch jemanden, der mich beschützt und versorgt. Aber wie es mir geht, ist natürlich allen egal“, klagt sie laut in die große Baumkrone.

Bis ganz tief in ihren kleinen dünnen Körper hinein spürt sie, wie sehr es sie schmerzt, so allein zu sein.

„Vielleicht hättest du dich mit dem Löwenjungen Leo zusammentun sollen. Lange Zeit war auch er voller Wut und Verzweiflung. Damals hat er an vielen Tagen mit seinen scharfen Zähnen anderen Schmerz und Wunden zugefügt. Seit er sich bei Berta sicher und geborgen fühlt, sind seine Wut und Verzweiflung immer kleiner geworden“, hört Sina die geheimnisvolle Stimme sagen. Ganz deutlich hat sie zu ihr gesprochen.

„Ich habe mir die Stimme nicht eingebildet. Sie war wirklich da. Ganz genau habe ich sie gehört“, entscheidet Sina.

Trotzdem kann sie auch jetzt niemanden sehen, zu dem die Stimme gehören könnte.

„Wer bist du? Wenn du mit mir sprichst, kannst du dich ruhig zeigen. Oder hast du etwa auch Angst vor mir?", erkundigt sich das Spinnenmädchen. Noch immer ist es zu einer Kugel zusammengerollt.

Sich mit nur einem Bein festzuhalten, fällt Sina schwer. Sie fühlt sich zittrig und ängstlich. Irgendwie erscheint ihr die Stimme, zu der kein Körper zu gehören scheint, etwas unheimlich.

„Auf keinen Fall soll jemand von mir denken, ich hätte Angst." Sina spürt, wie wichtig ihr das ist.

Plötzlich durchdringt ein lautes, kraftvolles Lachen die Baumkrone. Zwischen allen Blättern und Ästen schallt es hindurch. Schon bald beginnt alles um Sina herum zu zittern. Auch der dünne Ast, auf dem sie sitzt, wackelt bedrohlich.

Vor Schreck fährt Sina alle Beine aus. So gut es ihr eben möglich ist, hält sie sich damit fest. Voller Angst versucht sie, den heftigen Schüttelbewegungen standzuhalten.

„Wäre ich schon erwachsen, könnte ich jetzt schnell einen langen Faden spinnen und mich daran herunterlassen", denkt sie.

„Wer immer du bist, hör bitte auf zu lachen", schreit Sina so laut sie kann. „Wirklich, bitte, hör auf! Hiiilfe, ich falle vom Baum herunter. Ich bin doch erst ein Spinnenkind. Noch habe ich es nicht gelernt, so schnell Rettungsfäden zu spinnen."

Kaum hat die kleine Spinne das ausgesprochen, verstummt das Lachen.

Vor Schreck noch immer erstarrt, klammert Sina sich mit all ihrer Kraft weiter an dem dünnen Ast fest. Wie eingefroren fühlt sie sich, so groß ist ihr Entsetzen.

„Sagst du mir endlich, wer du bist?", bittet sie nochmals. Sina merkt selbst, wie zaghaft und ängstlich ihre Stimme klingt, aber das ist ihr jetzt egal.

„Entschuldige bitte, dass ich dich derart heftig erschreckt

habe", entgegnet die geheimnisvolle Stimme. „Ich wollte dich wirklich nicht ängstigen. Aber ich weiß natürlich, dass du dich mit Angst selbst bestens auskennst. Oft genug hast du Freude daran, andere in Furcht und Schrecken zu versetzen."

Sina schweigt. Es ist ihr sehr unbehaglich zumute.

„Ich weiß, dass es stimmt, was die Stimme behauptet, aber trotzdem will ich nicht, dass sie es hier so laut verkündet. Ziemlich peinlich finde ich das. Und wütend macht es mich auch", spürt Sina. Laut will sie das lieber nicht sagen. Auf keinen Fall möchte sie diese sonderbare Stimme verärgern. Sina befürchtet, dass sie ihr sonst gefährlich werden könnte.

Plötzlich breitet sich Schweigen aus. Selbst der Wind stellt nach und nach seine Bewegungen in den Bäumen ein. So verstummt auch das Rauschen in den Blättern.

Es vergeht eine lange Zeit, bevor Sina die geheimnisvolle Stimme erneut sprechen hört.

„Du siehst mich die ganze Zeit. Ich gehöre zu dem Baum auf dem du Platz genommen hast. Seit vielen, vielen Jahren bin ich mit ihm schon eng verbunden, genau genommen seitdem es ihn gibt. Ich bin quasi ein Teil von ihm, so wie deine Stimme ein Teil von dir ist."

Etwas beruhigt atmet Sina auf. Die Stimme erscheint ihr zwar immer noch geheimnisvoll, aber doch zunehmend freundlicher.

Trotzdem überlegt Sina, ob sie laut lachen oder wütend werden soll. Auf keinen Fall möchte sie, dass die Stimme, oder derjenige, dem die Stimme gehört, sich über sie lustig macht.

„Willst du damit sagen, dass du ein sprechender Baum bist?", erkundigt sie sich. Irgendwie ist ihr diese Frage schrecklich peinlich. Ziemlich komisch kommt sie sich dabei vor.

„So sonderbar es dir auch erscheinen mag, aber es stimmt. Auch ich bin ein Lebewesen mit Stimme und Gefühlen. Leider wird das oft nicht beachtet", entgegnet der Baum. „Lange schon wachse ich hier an dieser Stelle. Von Jahr zu Jahr werde ich größer und größer. Dabei kann ich so viel beobachten.

Manches, was ich sehe, freut mich, anderes ärgert mich und einiges macht mich sehr traurig."

„Was macht dich denn traurig?", will Sina sofort wissen. Sie merkt, dass ihr die Antwort auf diese Frage sehr wichtig ist.

„Wenn ich sehe, dass noch so junge Kinder wie der kleine Löwenjunge und du, kleines Spinnenmädchen, so allein sind und darüber ganz wütend und verzweifelt werden, dann stimmt mich das sehr traurig", erklärt der Baum mit seiner tiefen Baumstimme.

Sina spürt, wie gut ihr diese Worte tun.

Plötzlich muss sie an all das Schwere denken, das sie schon erlebt hat. Tränen steigen in ihre kleinen Spinnenaugen. Sie wollen herausfließen, aber Sina versucht sie zurückzudrängen.

„Das, was der Baum sagt, klingt so, als würde er es wirklich ehrlich meinen. Kann sein, dass er sogar verstehen würde, wie es mir geht. Trotzdem, ich will nicht, dass er merkt, wie traurig ich gerade geworden bin. Was ich früher erlebt habe, geht ihn nichts an. Niemandem werde ich davon erzählen", nimmt sich das kleine Spinnenmädchen vor. Es versucht, so wütend wie eben möglich auszuschauen.

„Der Löwenjunge ist doch gar nicht mehr allein. Die starke Elefantenfrau hat ihm versprochen, jetzt für ihn zu sorgen. Sicher passt sie gut auf ihn auf. Richtig gern hat sie Leo, das habe sogar ich gemerkt", sagt Sina.

„Da hast du völlig recht. Um das kleine Löwenkind mache ich mir auch keine Sorgen mehr, aber um dich. Für dich müssen wir ebenfalls noch jemanden finden, der sich um dich kümmert. Wie alle Kinder hast auch du das Recht, gut umsorgt und sicher zu sein", entgegnet der Baum.

Sina würde ihn am liebsten umarmen, aber natürlich sind ihre kleinen Spinnenbeine viel zu kurz dafür. Deshalb drückt sie nur den kleinen Ast, auf dem sie Platz genommen hat, einmal so fest sie kann. Das scheint diesem sehr zu gefallen. Wahrscheinlich spürt es sogar der gesamte starke Baum bis ganz tief in seine Wurzeln hinein.

„Auch ich kann als guter Ratgeber weiterhin für dich da sein. Aber ich denke noch an jemand anderen, ein wunderbares Lebewesen, das sich von der Stelle bewegen und mit dir durch dieses große Land ziehen kann. Ich selbst bin ja hier fest verwurzelt", ist wieder die Baumstimme zu hören. Inzwischen fürchtet Sina sich nicht mehr vor ihr.

„Dann sind das schon zwei, die mich unterstützen wollen", freut sie sich. Ihr kleines Spinnenherz klopft vor Erleichterung und Freude so kräftig wie noch nie. „Höchstens manchmal aus Angst", erinnert sie sich. „Da hatte ich schon oft Herzklopfen und Bauchweh auch."

Natürlich möchte sie wissen, an welches Hilfswesen der weise alte Baum denkt. Das will er ihr aber noch nicht verraten.

„Gedulde dich und ruhe dich erstmal ein paar Tage hier in meiner Baumkrone aus. Ich werde inzwischen über den Wind eine Botschaft aussenden. In spätestens einer Woche werden wir beide dann hier Besuch bekommen", sagt er.

Sina spürt, wie sie vor Freude ganz aufgeregt wird. Überall in ihrem Körper breitet sich dieses Gefühl aus. Richtig zittrig wird ihr kleiner Spinnenkörper davon. Unruhig zappeln die dünnen Beine hin und her.

„Autsch", schreit Sina plötzlich auf, „jetzt wäre ich fast vom Ast heruntergefallen."

Um das kleine Spinnenmädchen etwas zu beruhigen, lässt der Baum seine dünnen Äste vorsichtig auf und nieder wippen. Sina findet, dass es sehr lustig aussieht und sich auch genauso anfühlt. Lachend schaukelt sie mit dem Ast, auf dem sie sitzt, auf und nieder, hin und her.

Jeden Abend zur Schlafenszeit krabbelt sie nun hoch hinauf in die Baumkrone, wo sie sich besonders sicher und geborgen fühlt. Ganz klein macht sie sich zwischen den großen Blättern, die ihr ausreichend Schutz bieten.

Noch nie ist Sina so gern eingeschlafen. Früher wurde sie oft von schrecklichen Träumen gequält. Aus Angst, in der nächsten Nacht wieder so einen Traum durchstehen zu müssen, mochte sie deshalb am liebsten nicht mehr einschlafen. Jetzt sieht sie jeder Nacht mit Freude entgegen. Sie weiß, dass sie wieder von irgendeinem wunderbaren Hilfswesen träumen wird, bei dem sie sich sicher und geborgen fühlt.

So vergehen Tag für Tag und Nacht für Nacht. Sehnsüchtig wartet die kleine Spinne auf den Besuch. Aber noch ist keine ganze Woche vergangen …

„Leo und Sina sind sich wirklich sehr ähnlich. Und mir geht es seit einiger Zeit auch wie Sina. Sie ist total aufgeregt und gespannt, weil sie noch nicht weiß, wer kommen wird, um sie demnächst zu versorgen und zu beschützen. Das ist doch bei mir im Moment genauso. Auch ich bin schrecklich aufgeregt und gespannt, zu welchen Menschen ich kommen werde. Etwas Angst habe ich auch davor“, sagt Janis, sobald Frau Wallner das Buch zugeklappt hat.

„Neue Situationen machen uns Menschen und auch Tieren manchmal Angst“, bestätigt seine Oma. „Aber überleg mal, was du schon alles geschafft hast, obwohl du Angst davor hattest.“

„Ich weiß noch genau, dass es einmal im Hallenbad so war. Als wir im Sportunterricht schwimmen lernen sollten, habe ich vor Angst geweint und bin aus der Halle hinausgelaufen. Damals habe ich ziemlich viel Ärger bekommen. Und jetzt habe ich schon zwei Abzeichen: Seepferdchen und Bronze, vielleicht bald Silber, kann ja sein. Schade nur, dass ich mir die Aufnäher dafür nicht kaufen durfte, sonst hättest du sie mir bestimmt an meine Badehose genäht.“

„Das können wir gern nachholen“, schlägt Frau Wallner zu Janis Freude sofort vor.

„Ich erinnere mich an noch etwas, vor dem ich früher Angst hatte“, ruft Janis. „Mein erster Schultag war für mich grauenvoll. Ich wollte nicht dorthin. Unser Nachbarjunge Tim hat mir vorher ständig erzählt, dass Schule ganz schrecklich ist. Er meinte, die Lehrer wären furchtbar streng und man bekäme nur Ärger. Zuhause mit den Eltern anschließend dann auch noch. Ich habe so geweint damals, aber das hat meine Eltern nicht interessiert. Na ja, immerhin haben sie mir einen schönen Ranzen und eine mit Süßigkeiten und Obst gefüllte Schultüte geschenkt. Das fand ich richtig nett von ihnen. In der Schule war das dann auch gut. Meine Lehrerin war total nett. Sie hatte für uns alle zur Begrüßung einen Glückskäfer aus buntem Papier gebastelt. Ich glaube, den habe ich noch immer Zuhause in meinem Zimmer. Vielleicht nehme ich ihn mit in mein neues Zuhause."

„Das ist doch eine super Idee. Glückskäfer kann man immer brauchen", bekräftigt Frau Wallner.

Am Abend des Tages freut Janis sich schon darauf, wieder aus dem Buch vorgelesen zu bekommen. Aber es kommt anders als erwartet. Frau Donnerstag von nebenan benötigt nach dem Abendessen dringend Frau Wallners Hilfe. Irgendetwas ist in ihrer Küche passiert. Was genau dort los ist, versteht Janis nicht. Klar ist ihm aber, dass seine Oma Wallner an diesem Abend nichts vorlesen wird.

„Du hast die Wahl. Entweder du verzichtest heute Abend auf die Fortsetzung der Geschichte oder du liest allein. Morgen kannst du mir dann erzählen, was du gelesen hast", sagt sie zu ihm.

Janis stöhnt laut auf. Es gefällt ihm nicht, heute auf die gemütliche Stunde mit seiner Oma verzichten zu müssen. Gleichzeitig weiß er aber, dass er gar nicht mehr lesen darf, sondern sofort das Licht ausmachen muss, wenn er jetzt noch länger murrt.

„Manchmal kann Oma Wallner richtig streng sein", denkt er.

„Also gut, ich mache mich jetzt bettfertig und lese dann allein noch etwas“, entscheidet er.

„Wie schön, dass ich mich auf dich verlassen kann, mein Junge“, lobt Frau Wallner ihn. Sofort fühlt Janis bis ganz tief in sich hinein Stolz und große Freude.

Ein bisschen schummelt er nun doch mit dem Duschen und Zähneputzen, aber wirklich nur ein bisschen.

Dann schlüpft er schnell unter die Bettdecke, nimmt das zuvor schon bereitgelegte Buch zur Hand und beginnt zu lesen.

Kapitel 7: Wendys Ankunft

Mit jedem neuen Tag wachsen Sinas Aufregung, Vorfreude und Hoffnung auf Unterstützung. Manchmal singt ihr der Wind ein Lied zur Beruhigung oder die Blätter des Baumes streichen ihr sanft über den Rücken.

„So gut wie jetzt ging es mir noch nie. Es ist wunderschön, gemocht, umsorgt und beschützt zu werden“, fühlt das kleine Spinnenmädchen. Glücklich schmiegt es sich an den kraftvollen Baum.

Eines Tages zerrt der Wind plötzlich so heftig an dem Baum, dass die kleinen Äste sich weit nach unten biegen und schon im nächsten Moment wieder kraftvoll zurückschwingen.

Erschrocken klammert sich die kleine Spinne fest. Der Baum legt schützend seine Blätter um sie.

„Was ist hier los? Warum tobst du so, Wind? Bist du nicht mehr mein Freund?“, ruft Sina so laut sie kann.

Tatsächlich beruhigt sich der Wind sofort. Auch die Äste des Baumes schaukeln nur noch wenige Male auf und nieder, bis sie sich schließlich gar nicht mehr bewegen.

Erleichtert atmet das Spinnenkind auf.

„Danke, dass du aufgehört hast zu toben. Dann bist du wohl doch noch mein Freund“, ruft es.

„Tut mir leid, dass ich dich so sehr erschreckt habe", flüstert der Wind. „Ich wollte nur deine zukünftige Unterstützerin ankündigen, die jetzt zusätzlich zum Baum und mir für dich da sein wird. Sie ist schon ganz nah. Mit meinem starken Toben wollte ich ihr behilflich sein, schneller zu dir zu kommen. Ich dachte, ich könnte sie dir in Windeseile entgegenblasen. Aber das war wohl keine gute Idee. Einen ziemlich großen Schreck habe ich dir damit eingejagt. Manchmal bin ich wirklich etwas zu stürmisch. Ein bisschen mehr Geduld hilft oft besser, das habe ich gerade wieder gemerkt."

Sina lächelt verständnisvoll. Sie weiß nur zu gut, wovon der Wind spricht. Noch genau erinnert sie sich daran, wie sie voller Ungeduld, Ärger und Wut früher anderen gedroht hat, ihnen ihr Gift einzusprühen. Niemand hat geahnt, dass sie gar kein Gift in sich trägt.

„Vielen habe ich Angst eingejagt und Leid zugefügt. Eigentlich hat das auch mir selbst nie gutgetan. Wenn ich ehrlich bin, muss ich sogar zugeben, dass ich mir damit geschadet habe. Alle sind vor mir davongelaufen, niemand wollte meine Freundin oder mein Freund sein. Schrecklich einsam habe ich mich gefühlt. Oft habe ich mich selbst gehasst, aber das hätte ich niemals zugegeben", erinnert sich Sina. „Ich mag diese Gedanken an die schreckliche Zeit nicht. Warum schaffe ich es nicht, sie endlich loszuwerden?"

„Manchmal ist es wichtig, nochmal zu sehen, was früher gewesen ist. Oftmals kann man danach mit noch mehr Energie einem neuen Ziel entgegen gehen", meldet sich die Baumstimme.

„Irgendwie ist es, als könnte der Baum meine Gedanken lesen. Das geht aber doch gar nicht", wundert Sina sich wieder. Etwas unheimlich findet sie es schon, aber irgendwie auch wohltuend. So richtig verstehen kann sie allerdings nicht, was er mit seinen Worten meint.

Noch bevor sie weiter darüber nachdenken kann, vernimmt sie ein lautes Rauschen dicht neben sich. Erschrocken schaut sie zur Seite. Ein großes Wesen, das Ähnlichkeit mit einem bunten Vogel oder noch eher mit einem Riesenschmetterling hat und doch beides nicht ist, hockt auf einem der dickeren Äste neben ihr.

„Ab jetzt werde ich für dich da sein. Meine Aufgabe ist es nun, dich durch dieses oft so freundliche, aber auch manchmal gefahrenvolle Land zu begleiten. Bei mir sollst du dich sicher und geborgen fühlen“, erklärt das sonderbare Wesen.

„Du bist das also“, sagt Sina. Tief in sich spürt sie, wie enttäuscht sie gerade ist.

„Irgendwie habe ich mir das Wesen, das mir helfen und mich beschützen soll, ganz anders vorgestellt. In meinen Träumen war es immer so wunderschön“, erinnert sie sich.

Unsicher dreht sie ihren kleinen Spinnenkopf von rechts nach links und dann von links nach rechts. Sie glaubt sich zu erinnern, dass diese Bewegung schon dem Löwenkind und selbst der großen erwachsenen Elefantenfrau geholfen hat, sich zu beruhigen.

„Falls du jetzt enttäuscht bist, solltest du lieber nicht zu voreilig damit sein“, hört Sina den Baum sagen. „Wendy, so heißt dieses in der Tat etwas sonderbar anmutende Wesen, hat zahlreiche Fähigkeiten, mit denen sie dir hilfreich zur Seite stehen kann. Direkt aus dem Reich der Helferinnen und Helfer ist sie für dich angeflogen gekommen. Der Wind hat meine Botschaft, dass für dich Hilfe benötigt wird, dorthin getragen“, erklärt er mit seiner tiefen Baumstimme. Wieder wirkt sie auf das Spinnenmädchen beruhigend.

„Aber woher weißt du von diesem sonderbaren Reich der Helferinnen und Helfer? Und wie kommt es, dass du dort bekannt bist?“ Sina spürt, dass sie diese Fragen unbedingt beantwortet bekommen muss.

Der Baum scheint das zu verstehen und gibt sofort die Erklärung: „Vor langer Zeit war ich dort selbst zuhause. Ich wuchs sehr langsam heran, für mein Empfinden viel zu langsam. Lange war ich ein kleiner unscheinbarer Bäumling. Ich selbst fand mich mickrig und zu nichts Gutem geeignet. Meist habe ich versucht, mich zu verstecken. Niemand sollte sehen, wie erbärmlich ich war. Eines Tages kam dann ein Hilferuf aus dem Reich der Menschen und Tiere. Und ausgerechnet ich wurde als Helfer ausgewählt. Mit aller Macht versuchte ich zu widersprechen. Verzweifelt habe ich erklärt, dass ich mich selbst nicht mag, mich klein, mickrig und hässlich finde. Aber es half alles nichts. Ich musste losziehen. Der Wind trug mich in das Reich der Menschen und Tiere, hier an diesen Platz, an dem ich jetzt fest verwurzelt bin."

„Und wem solltest du helfen?", fragt Sina.

„Damals gab es hier eine kleine Ameise, die kein Zuhause hatte und von niemandem aufgenommen wurde. Für sie sollte ich die Möglichkeit schaffen, endlich einen eigenen Platz, ein Zuhause zu finden. Und wie du siehst, ist mir das ganz gut gelungen", erklärt der Baum.

Sina hört den Stolz in seiner Stimme. Von ihrem Platz auf dem Blatt aus schaut sie durch die Baumkrone an dem mächtigen Baumstamm herunter. Am Fuße des Baumes entdeckt sie einen prachtvollen Ameisenbau, bei dem zahlreiche kleine Ameisen eifrig hin und her laufen. Sie scheinen so viel zu erledigen zu haben und sich dabei gut zu verstehen.

„Ja, wir sind beide stark gewachsen", lacht der Baum, „das Zuhause der Ameise, in dem sie längst nicht mehr allein ist, und auch ich. Du müsstest mal mein Wurzelwerk sehen, das ich unter der Erde ausgebreitet habe. Von mickrig, klein und hässlich kann bei mir keine Rede mehr sein. Der Wind hat recht, manchmal braucht man ziemlich viel Geduld bis sich alles zum Guten wendet."

„Das klingt so wunderbar. Hoffentlich funktioniert das bei mir auch", flüstert die kleine Spinne zaghaft.

„Natürlich kann ich dir nur helfen, wenn du mir eine Chance gibst. Du musst schon an uns beide, an dich und an mich, glauben", spricht nun das eben eingetroffene sonderbare Wesen.

Zweifelnd schaut Sina zu ihm hin.

Eine ganze Weile spricht niemand ein Wort.

Beruhigend sanft legt der Baum seine Blätter um den kleinen Spinnenkörper.

„Okay“, erklärt Sina schließlich. Ihre Stimme klingt dabei sehr entschieden. „Wann ziehen wir los, hinein in mein neues Leben?“

„Gönn mir eine Nacht Erholung hier in der Baumkrone. Morgen machen wir uns dann auf den Weg. Du wirst staunen, was ich alles kann. Noch mehr aber wirst du verwundert sein über die zahlreichen und besonderen Fähigkeiten, die in dir selbst vorhanden sind. Noch sind sie verborgen, nicht einmal du selbst scheinst sie zu kennen. Sobald du ihnen erlaubst, sich zu zeigen, wirst du sie zu deinem eigenen Wohl nutzen und sogar für andere hilfreich sein können.“

Auf das Spinnenmädchen wirken Wendys Worte ziemlich geheimnisvoll. Auch das, was der Baum über sein eigenes Wachstum erzählt hat, stimmt Sina nachdenklich.

„Zwar habe ich Angst, aber ich will mir wirklich die Chance geben, manches zu verändern und Neues zu lernen. Vielleicht wird doch noch alles gut für mich. Dann wäre ich super glücklich“, fühlt sie.

Mit diesem festen Vorsatz schläft sie ein, einem neuen Tag entgegen, an dem sie sich zusammen mit Wendy auf eine große Reise begeben will …

Als Janis dieses Kapitel zu Ende gelesen hat, spürt er, wie sich Müdigkeit überall in ihm ausbreitet.

„Ich werde mir in meinem neuen Zuhause auch eine Chance geben, alles zum Guten zu wenden. Mal sehen, wer mir dabei helfen wird. Aufgeben werde ich jedenfalls nicht.“ Das schwört er sich.

Beinahe trägt ihn dieser Gedanke ins Reich der Träume. Doch bevor er dort wirklich ankommt, spürt er plötzlich, wie dringend er zur Toilette muss. Sofort schlüpft er in seine vor dem Bett stehenden Hausschuhe, schleicht möglichst leise durch den Flur, hinein ins Badezimmer. Beim Nachspülen erschrickt ihn das dabei entstehende Geräusch. Hier im absolut ruhigen Haus wirkt es unangenehm laut.

Zurück in seinem Zimmer, fühlt er sich wieder sehr wach. Erneut nimmt er das Buch zur Hand.

„Oma Wallner hat nicht gesagt, dass ich nur ein Kapitel lesen darf. Außerdem war das letzte wirklich ziemlich kurz. Ich glaube, das nächste Kapitel kann ich ruhig noch lesen, jedenfalls damit anfangen." Und schon beginnt er.

Kapitel 8: Abschied vom magischen Baum

In dieser Nacht träumt die kleine Spinne, dass ihr Körper wächst, weiter und weiter, bis er kräftig und stark ist. Selbst ihre kleinen dünnen Beine fühlen sich plötzlich kraftvoll an. Im Traum sieht sie sich am Rande eines großen, in der Sonne glitzernden Spinnennetzes sitzen, das sie allein gesponnen hat. Stolz besieht sie ihr selbst geschaffenes Wunderwerk. Sehr glücklich und zufrieden fühlt sie sich dabei. Wohltuende Ruhe breitet sich in Sina aus. Sie spürt sie von außen nach innen und von innen nach außen, vom Kopf bis zum Hinterteil und auch in jedem einzelnen Spinnenbein bis vorn in die kleinste Spitze hinein.

Während Sina vollkommen von der Traumwelt umschlossen ist, denkt der kraftvoll gewachsene Baum daran, sich am nächsten Morgen von dem Spinnenkind verabschieden zu müssen.

„Das wird bestimmt auch mir schwerfallen. Ich habe Sina in dieser kurzen Zeit wirklich liebgewonnen und möchte, dass sie mit Wendys Hilfe ein gutes neues Zuhause findet. Bis das gelungen ist, wird Wendy sicher gut für Sina sorgen und ihr helfen, sich hier im großen Land *Irgendwo* zurechtzufinden“, davon ist der Baumriese überzeugt. Sein tiefer Seufzer klingt wie ein lautes Knarren, das den dicken Baumstamm durchzieht.

Die kleine Spinne aber bemerkt während der Nacht die Gedanken und Gefühle des Baumes nicht. Sie schläft ganz fest und fühlt sich im Traum unendlich glücklich, sicher, geborgen und stolz.

Am nächsten Morgen rüttelt der Wind mit kraftvollem Rauschen alle wach. Vorsichtig reckt und streckt der Baum seine Äste, Zweige und Blätter. Dabei achtet er sorgsam darauf, dass Sina nicht herunterfällt. Noch ziemlich schläfrig öffnet jetzt auch Wendy ihre Augen. Schlaftrunken schaut sie sich in der Baumkrone um.

„Mein gestriger langer Weg hierhin war wohl doch anstrengender als ich zunächst gedacht habe", stellt sie fest.

Vorsichtig versucht nun auch sie, sich zu recken und zu strecken. Schon wenige Minuten später fühlt sie sich wach und gestärkt genug für die weite Reise mit ihrem neuen Schützling. Ein schneller Blick zu Sina zeigt ihr, dass diese noch fest schläft.

„Das Spinnenmädchen scheint etwas sehr Schönes zu träumen. Es lächelt sogar im Schlaf. Am liebsten würde ich Sina den wunderbaren Traum zu Ende träumen lassen, aber das geht nicht. Ich muss mich mit ihr möglichst schnell auf den Weg machen. So vieles will ich ihr heute und in den nächsten Tagen und Wochen zeigen. Sina soll sich sicher und geborgen bei mir fühlen, bis ich ein gutes neues Zuhause für sie gefunden habe. Ich weiß, dass es einige Tageswanderungen von hier entfernt eine kunterbunte Wohngruppe gibt. Dort leben kleine und große Kinder, die von Erwachsenen hervorragend versorgt werden. Vielleicht könnte das auch ein passender Platz für Sina sein", überlegt Wendy.

Vorsichtig streichelt sie dem Spinnenmädchen über den Rücken. Erschrocken öffnet Sina erst das rechte, dann das linke Auge. Wie eine Seifenblase zerplatzt ihr wunderbarer Traum.

Als sie aber die schützende Baumkrone des magischen Baumes um sich herum wahrnimmt und die am Vortag angereiste Wendy dicht neben sich sieht, atmet sie erleichtert auf. Sofort fühlt sie sich wieder sicher und geborgen, fast so wie in ihrem Traum. Natürlich ist ihr Körper jetzt in der Wirklichkeit, anders als im Traum, noch klein und dünn.

„Auf meiner Reise mit Wendy werde ich bestimmt wachsen und viel lernen. Sie soll staunen, was ich alles schaffe", nimmt Sina sich vor. Nach außen versucht sie sich so groß wie eben möglich zu machen. Innerlich fühlt sie sich aber gerade jetzt wieder entsetzlich klein und ängstlich.

„Das werde ich niemandem zeigen und sagen", nimmt sie sich vor. Wirklich wohl fühlt sie sich nicht dabei.

„Ziehen wir jetzt gleich schon los?", will sie von Wendy wissen.

Sina spürt, wie das Blatt unter ihr zu zittern beginnt. Dieses zunächst leichte Zittern setzt sich in dem dünnen Zweig, an dem das Blatt wächst, fort und dann in dem dicken Ast, aus dem der dünne Zweig herausragt. Plötzlich scheint die gesamte Baumkrone zu zittern, mit all ihren kleinen Zweigen, Blättern und dicken Ästen bis in den kraftvollen Baumstamm hinein. Ob sich dieses Zittern bis in die Wurzeln ausbreitet, kann Sina nicht erkennen. Sie weiß aber genau, was es zu bedeuten hat. Der alte, kraftvoll hoch gewachsene Baum wird vom Abschiedsschmerz geschüttelt.

„Noch nie hat mich jemand so sehr gemocht. Immer waren alle froh, mich los zu werden", erinnert sich die kleine Spinne. Sie spürt ein ähnlich wundersames Glücksgefühl wie in ihrem nächtlichen Traum.

In diesem Moment versteht und fühlt Sina, dass der Baum und sie sich gegenseitig längst liebgewonnen haben.

„Zwar fällt mir der Abschied von dir wirklich schwer, aber er ist wichtig. Genau weil ich dich liebgewonnen habe, möchte ich, dass du endlich eine echte Chance auf ein gutes Leben bekommst. Wendy wird dir dabei helfen", hört Sina den Baum sagen.

Gern würde sie ihn umarmen, aber das ist natürlich mit ihren kurzen Beinen nicht möglich. Deshalb presst sie zum Abschied ihren dünnen Körper fest gegen die raue Rinde des dicken Stammes. Für Sina selbst und auch für den kraftvollen Baum fühlt es sich wie viele herrlich liebevolle Umarmungen an.

Sanft streichelt er mit seinen Blättern über Sinas kleinen Rücken.

„Jetzt aber los mit euch", sagt er dann entschieden.

„Seine Stimme klingt komisch, irgendwie fröhlich und traurig zugleich", findet Sina.

„Komm auf meinen Rücken, zuerst werden wir ein Stück fliegen", fordert Wendy ihren kleinen Schützling nun auf.

„Falle ich dann nicht sofort herunter?", erkundigt sich Sina ängstlich.

Wendy lächelt sanft. „Ich habe dir schon gesagt, du wirst noch zahlreiche Fähigkeiten in dir entdecken. Diese ist eine davon. Du hast ausreichend Kraft, dich an mir festzuhalten. Das wirst du gleich selbst spüren. Es gibt noch etwas, das du dringend benötigst, nämlich Vertrauen. Das Vertrauen in deine eigene Kraft ist dabei besonders wichtig. Aber auch Vertrauen in mich ist erforderlich, damit du meine Hilfe wirklich annehmen kannst."

Sina spürt schon jetzt, an diesem ersten gemeinsamen Vormittag, wie wichtig es für sie sein wird, Vertrauen, Mut und Hoffnung zu haben.

Noch fühlt sie sich ängstlich, als sie zaghaft auf den Rücken ihrer neuen Unterstützerin klettert. Sofort erhebt Wendy sich mit dem kleinen Spinnenmädchen auf dem Rücken in die Höhe. Mehrmals umrundet sie mit Sina zum Abschied die Baumkrone, die dem Spinnenkind während der letzten Tage Schutz geboten hat.

Mit all seinen Ästen, Zweigen und Blättern winkt der Baum Sina und Wendy nach, während diese sich mehr und mehr entfernen. „Ich bin sicher, dass es nun dem Löwenjungen und dem kleinen Spinnenkind gut gehen wird. Das fühlt sich in all meinen Zweigen, Ästen, Blättern, bis tief in die Wurzeln hinein, richtig gut an", spürt der Baum.

Von Zeit zu Zeit schickt er durch die Luft die besten Wünsche zum Spinnenmädchen und Wendy. Der Wind trägt diese Botschaft gern zu ihnen, schließlich ist er doch ein Freund von ihnen. Er freut sich, wenn er helfen kann.

Kaum hat Janis das Lesen beendet, ist er auch schon eingeschlafen. Das Buch fällt ihm dabei aus der Hand. Es rutscht über die Bettdecke hinab auf den Fußboden. Obwohl dieses ein leichtes Krachen verursacht, wacht Janis nicht davon auf. Auch als Frau Wallner später noch einmal in sein Zimmer schaut, um sicher zu sein, dass alles in Ordnung ist, merkt er es nicht mehr.

Die alte Frau lächelt. „Ein guter Junge ist das", flüstert sie. So leise wie eben möglich verlässt sie den Raum.

Beim Frühstück fühlt sich Janis noch von sehr großer Müdigkeit gequält. Immer wieder hält ihn ein Gähnen vom Essen ab. Am liebsten würde er sich erneut in das von der Nacht noch warme Bett kuscheln.

„Ich glaube, du hast gestern Abend etwas zu lange gelesen und dadurch zu wenig Schlaf bekommen", hört er Frau Wallner sagen.

Sofort bemüht er sich, ganz aufrecht zu sitzen und jedes Gähnen zu unterdrücken.

„Stimmt gar nicht", sagt er. „Ich habe aber ziemlich viel geträumt. Alles weiß ich nicht mehr, aber ich erinnere mich daran, dass ich zusammen mit Sina auf Wendys Rücken über das Land hinweg geflogen bin. Das hat ziemlich viel Spaß gemacht. Einmal dachte ich, wir würden abstürzen. Aber ich glaube, Wendy hat nur so getan. Bestimmt wollte sie uns nur etwas erschrecken. Leo und Berta habe ich in meinem Traum auch gesehen. Zurufen konnte ich ihnen nichts, weil ich sehr weit oben auf Wendys Rücken in der Luft war. Von da aus hätten sie mich sowieso nicht gehört. Wahrscheinlich wären sie total erstaunt gewesen, wenn sie mich so weit oben über den Bäumen gesehen hätten."

Frau Wallner lacht. „Vergiss nicht, dass es nur ein Traum war“, sagt sie.

„Stimmt, weiß ich doch“, entgegnet Janis sofort. Etwas enttäuscht klingt er schon dabei.

Kurz bevor er das Haus verlassen will, um zur Schule zu gehen, schaut Frau Wallner noch in seinen Ranzen. Sie möchte sicher sein, dass Janis wirklich alle Schulsachen für den Tag eingepackt hat. Und da entdeckt sie es. Das Buch über Leo und Sina. Janis hat es heimlich in seinen Ranzen gesteckt.

„So etwas gibt es bei mir nicht“, schimpft Frau Wallner. „Du weißt das ganz genau. Ich will mich auf dich verlassen können. Wie soll ich dir vertrauen, wenn du immer wieder heimlich so etwas machst?“ Ihre Stimme klingt sehr streng, auch ärgerlich und enttäuscht.

„Es stimmt doch gar nicht, dass ich immer wieder so etwas mache. Da übertreibst du. So oft, wie du das jetzt behauptest, mache ich überhaupt nichts heimlich. Ich wollte das Buch nur meiner Lehrerin zeigen und meinen Freunden“, gibt Janis ziemlich kleinlaut von sich.

„Hättest du mich gefragt, wäre das auch in Ordnung gewesen. Aber so bleibt das Buch hier. Leg es schnell zurück ins Regal“, fordert Frau Wallner ihn auf.

Jetzt widerspricht Janis lieber nicht mehr. Wie befohlen bringt er das Buch zurück an seinen Platz. Zwei Minuten später ist er schon auf dem Weg zur Schule.

Am Mittag nach dem gemeinsamen Essen bittet er Frau Wallner vorsichtshalber nicht darum, aus dem Buch vorzulesen. Lieber möchte er das Thema jetzt nicht erwähnen.

Zu seiner Überraschung sagt aber Frau Wallner: „Wenn du möchtest, können wir es uns gleich auf der Couch wieder gemütlich machen und in dem Buch weiterlesen."

„Gern!", ruft Janis freudig aus. „Ich bringe das Buch schon mal zur Couch."

„Vorher will ich dir noch etwas sagen", unterbricht Frau Wallner seine Freude. „Es sind Pflegeeltern in einem Kinderhaus für dich gefunden worden, die sehr nett sein sollen. Nächste Woche Montag kommen sie uns am Nachmittag besuchen."

Janis findet, dass die Stimme seiner Oma irgendwie komisch klingt, etwas aufgeregt, ein bisschen traurig, aber auch erleichtert.

„Das sind ja nur noch drei Tage bis dahin!", ruft er. „Muss ich dann sofort hier bei dir ausziehen?"

„Nein, natürlich nicht. Du weißt doch, dass du vorher auch noch einen Besuch bei ihnen machen wirst", entgegnet Frau Wallner.

„Aber du kommst doch dann mit, oder?", will Janis sofort wissen.

„Nein, der Termin ist allein für dich. Es sollen schließlich deine neuen Pflegeeltern werden. Du bekommst die Chance, sie ganz in Ruhe an einem oder mehreren Wochenenden kennenzulernen. Da würde ich nur stören", erklärt die freundliche alte Frau.

„Mich störst du nie", versichert Janis.

„Da habe ich aber schon anderes erlebt. Heute Morgen, als ich in deinem Ranzen nachgeschaut habe, fandest du das ziemlich störend", erinnert sie nun doch an das, woran Janis gar nicht mehr denken möchte.

„Ach da", entgegnet er ausweichend. Und dann schlägt er vor, endlich mit dem Vorlesen zu beginnen.

„Können wir sofort machen", stimmt Frau Wallner zu. „Aber erst koche ich dir wieder einen Kakao und mir einen Kaffee."

Sobald die Getränke vor ihnen auf dem Tisch stehen und sie selbst gemütlich nebeneinander auf der Couch sitzen, beginnt Frau Wallner vorzulesen.

Teil III:
Große Aufregung

Kapitel 9: Leos neues Zuhause

Längst weiß der Löwenjunge Leo nicht mehr, seit wie vielen Tagen oder Wochen er nun schon gemeinsam mit der Elefantenfrau durch dieses große Land *Irgendwo* zieht. Seine noch recht kleinen Füße schmerzen an manchen Tagen nach besonders langen Wanderungen sehr.

Auch heute ist wieder so ein Tag, an dem er zusammen mit seiner kraftvollen Beschützerin eine weite Strecke zurückgelegt hat.

Nur eine kurze Rast haben sie am Mittag eingelegt. Zwar waren das Bad in dem kleinen See und die Schatten spendenden Bäume wirklich erfrischend, aber lange Zeit zum Ausruhen hat Berta sich und Leo nicht zugestanden. Allzu gern hätte der kleine Löwenjunge sich dort noch einige Zeit von dem langen Marsch erholt.

Aber auf Bertas Drängen ziehen die Beiden weiter und weiter. Von Zeit zu Zeit stöhnt Leo laut auf.

Endlich entscheidet die Elefantin, dass sie für heute lange genug gewandert sind. Schon bald entdeckt sie einen bequemen und sicheren Schlafplatz für die Nacht. Erleichtert atmet Leo auf.

„Berta ist irgendwie anders als sonst, total aufgeregt. Vielleicht hofft sie, hier in der Nähe eine neue Löwenfamilie für mich zu finden?", überlegt er still für sich. Und genau in diesem Moment spürt Leo dieses merkwürdige Gefühl, das sich in seinem Bauch mehr und mehr ausbreitet. Es erscheint ihm irgendwie fremd und doch auch vertraut.

„Früher habe ich mich oft so gefühlt", erinnert er sich. „Wenn Mama und Papa mir etwas Schönes versprochen haben, sind in meinem Bauch die Gefühle hin und her getanzt. Ich habe mich so sehr auf das Schöne gefreut. Gleichzeitig habe ich befürchtet, dass es doch nicht in Erfüllung geht und ich wieder nur enttäuscht sein werde. So war das dann meistens auch. Ganz schrecklich fand ich es jedes Mal. Es hat mich so wütend und traurig gemacht! Später habe ich meinen Eltern gar nichts mehr geglaubt. Naja, fast gar nichts mehr."

Vorsichtig schaut Leo zu Berta hinüber, die sich direkt neben ihm zum Schlafen niedergelegt hat. Ganz dicht kuscheln sie sich zusammen.

„In Bertas Nähe fühle ich mich doch eigentlich immer glücklich und sicher. Komisch, dass es jetzt anders ist. Ich bin überhaupt nicht glücklich, schrecklich traurig fühle ich mich", merkt Leo.

Berta will er das lieber nicht sagen.

„Vielleicht könnte sie es nicht verstehen. Ich weiß ja selbst nicht, warum ich mich plötzlich so komisch fühle." Mit einem tiefen Seufzer schmiegt der kleine Löwenjunge sich noch enger an die Elefantin.

„Bestimmt ginge es mir sofort besser, wenn ich wüsste, dass ich immer bei Berta bleiben dürfte. Sie hätte ich wirklich gern als Mutter", da ist sich Leo ganz sicher. Laut spricht er das vorsichtshalber nicht aus. Auf keinen Fall will er Berta verärgern.

„Ich werde gute Eltern für dich finden, du kannst dich darauf verlassen", sagt die Elefantin in Leos Gedanken hinein. Wieder überlegt Leo, ob Berta seine Gedanken lesen kann.

„Ich möchte aber dich gern als neue Mutter", flüstert er. Seine Traurigkeit kann er nun nicht mehr verbergen. Aber die Tränen, die in seinen Augen aufsteigen und herauskullern wollen, vermag er mit großer Anstrengung zurückzuhalten.

Sorgenvoll schaut Berta ihn an.

„Du weißt doch, dass es nicht möglich ist“, entgegnet sie. „Ich werde dringend zur Unterstützung für noch viele andere Kinder benötigt. Da kann ich unmöglich gleichzeitig gut für dich da sein. Du musstest schon bei deinen Eltern spüren, wie es sich anfühlt, nicht genügend versorgt zu werden. Ich will dir das nicht auch noch zumuten. Bestimmt wirst du glücklich in deiner neuen Löwenfamilie. Ich habe schon eine Idee, welche das sein könnte.“

Plötzlich hört Leo sich Sätze sagen, die er eigentlich niemandem anvertrauen wollte.

„Manchmal denke ich an meine Eltern, obwohl ich das gar nicht möchte. Am liebsten würde ich alles vergessen, was früher einmal war, aber das geht nicht. Naja, eigentlich will ich auch nicht alles vergessen, nur das, was sich so schlimm angefühlt hat. Manchmal vermisse ich meine Mama und meinen Papa sehr, trotz all dem Schrecklichen, das dort geschehen ist. Entsetzlich traurig fühle ich mich dann. Ich wünsche mir so sehr, dass wir zusammen einfach eine ganz normale glückliche Familie sein könnten“, stößt er hervor.

„Es gibt Erwachsene, die nicht gelernt haben, gut miteinander und mit ihren Kindern umzugehen. Deshalb gibt es Helfer und Helferinnen, wie zum Beispiel mich. Wir können diese Familien dabei unterstützen, besser miteinander auszukommen. Es gibt aber auch Kinder, so wie beispielsweise dich, die andere Erwachsene als ihre Eltern brauchen, um gut versorgt zu werden“, entgegnet Berta. Ganz sicher und fest klingt ihre Stimme.

So ganz kann Leo nicht verstehen, was sie meint.

Leise beginnt er vor sich hin zu summen. Eigentlich ist es mehr ein Brummen, aber das ist völlig egal. Berta stimmt sogleich mit ein. Das fühlt sich richtig gut an.

Schon bald ist der kleine Löwenjunge eingeschlafen. In der Nacht träumt er von seinem neuen Zuhause. Im Traum gibt es dort eine Elefantenmutter, die wie Berta aussieht, einen Elefantenvater, der riesig, ungeheuer stark sowie gleichzeitig freundlich wirkt, und einen kleinen Elefantenjungen, der sich freut, dass Leo nun zu ihnen gehört. Im Traum fühlt Leo sich sehr glücklich in seiner neuen Familie. Es ist genau so, wie Berta es ihm vorhergesagt hat.

Als Leo am nächsten Morgen seine Augen öffnet, sieht er Berta neben sich liegen. Einen kurzen Moment lang denkt er, es wäre die Mutter aus seinem Traum. Doch schon einen Moment später weiß er, dass es Berta ist, die ihn freundlich anlächelt.

„Schade, dass alles nur ein Traum war. Hoffentlich geht er in Erfüllung. Genauso müsste es sein. Dann wäre ich sehr, sehr glücklich“, denkt der kleine Löwenjunge.

Kaum ist die Müdigkeit ganz aus ihm gewichen, erzählt er Berta von seinem Traum.

„Es hat sich so gut angefühlt“, betont er zum Schluss noch schnell.

Berta lächelt geheimnisvoll.

„Ich glaube, ich weiß schon, welche Familie die genau richtige für dich sein könnte“, erklärt sie.

Leo weiß nicht, ob er sich nun doch freuen oder eher enttäuscht sein soll.

„Wann sind wir dort? Müssen wir noch weit gehen?“, will er wissen.

„Etwas Geduld brauchst du noch. Aber wenn wir weiter so schnell vorwärtskommen, wirst du vielleicht heute noch eine Überraschung erleben“, antwortet Berta.

Für Leo völlig unerwartet, erreichen sie am Nachmittag eine große Wiese, auf der verschiedene Tierkinder sich tummeln und miteinander spielen. Da sind bunt farbige Vögel, mehrere Elefantenkinder, springfreudige Affen und, Leo kann es kaum glauben, auch drei Löwenkinder, ein Mädchen und zwei Jungen. Neugierig betrachten sie die beiden Ankommenden. Sogar ihr Spiel unterbrechen sie dafür.

Leo fühlt sich etwas unbehaglich. Er ist fest davon überzeugt, nicht willkommen zu sein.

„Bestimmt schicken sie mich weg. So ist es doch immer. Niemand mag mich“, sorgt er sich. Doch dann fällt ihm ein, dass sich etwas verändert hat.

„Berta mag mich“, denkt Leo und ist sich dessen ganz sicher. Bis tief unten in den Bauch und selbst in die Beine und Pfoten hinein spürt er, wie gut sich das anfühlt. Ähnlich wie wärmende Sonnenstrahlen breitet sich dieses Gefühl in ihm aus.

Genau in diesem Moment kommt das kleine Löwenmädchen, das eben noch mit den anderen Tierkindern gespielt hat, auf ihn zugelaufen.

„Hallo, bist du neu hier?“, will es wissen.

Leo ist überrascht, wie freundlich das Mädchen mit ihm spricht. Es scheint ihn nicht wegschicken zu wollen.

„Ich heiße Leo“, verrät er, ohne dass das Mädchen nach seinem Namen gefragt hat. Und dann sagt er noch, dass er schon seit einiger Zeit mit der starken erwachsenen Elefantenfrau durch dieses große Land *Irgendwo* zieht, aber in dieser Gegend noch nie war. Der kleine Löwenjunge staunt, wie leicht es ihm plötzlich fällt, mit diesem Mädchen zu sprechen.

„Bestimmt liegt es daran, dass sie so freundlich zu mir ist“, überlegt er und schweigt einen Moment.

„Ich heiße ganz ähnlich wie du“, lacht das Löwenmädchen. „Bei meinem Namen ist nur der letzte Buchstabe anders als bei deinem. Bei meinem ist ein „a“ am Ende, bei deinem ein „o“.“

„Also heißt du Lea“, ruft Leo so laut, dass mehrere Tierkinder zu ihnen herüberschauen. Aber das stört den kleinen Löwenjungen jetzt gar nicht mehr. Lea strahlt ihn an.

„Schön, dass du nun auch hier bist. Hoffentlich bleibst du etwas länger. Du scheinst nämlich sehr nett zu sein“, sagt sie.

Berta, die dicht neben ihnen steht, lächelt. Bisher hat sie alles nur stumm beobachtet.

„Willst du Leo einmal zeigen, wo du wohnst?“, fragt sie nun. „Ich selbst komme auch mit. Deine Eltern möchte ich sowieso begrüßen und mit ihnen etwas besprechen.“

„Kennst du Leas Eltern?“, will Leo sofort wissen. Irgendwie findet er Bertas Verhalten sonderbar. Lange kann er darüber aber nicht nachdenken, denn Lea drängt ihn, schnell mitzukommen und dort mit ihr zu spielen.

„Das ist eine gute Idee“, stimmt Berta sofort zu. Sie scheint es plötzlich sehr eilig zu haben.

Schon nach wenigen Metern ruft Lea: „Hier wohne ich. Dort hinten bei dem hohen Baum sind meine Eltern.“

Ein freundlich aussehendes Löwenpaar schaut ihnen interessiert entgegen. Die Löwenfrau und der Löwenmann kommen sogleich auf Lea, Leo und Berta zu.

„Schön, dass ihr da seid. Wir haben schon auf euch gewartet. Bestimmt seid ihr erschöpft, hungrig und durstig nach dem langen Marsch, den ihr hinter euch habt“, sagt die Löwenmutter.

Fragend schaut Leo zu Berta.

„Wieso haben die auf uns gewartet? Woher können sie wissen, dass wir zu ihnen kommen?“, möchte er am liebsten fragen. Aber vorsichtshalber schweigt er dann doch lieber.

Lächelnd schaut der Löwenvater ihn an. Offensichtlich hat er bemerkt, wie verwirrt Leo gerade ist.

„Die kleinen flinken Vögel sind unser Telefon“, erklärt er. „Sie übermitteln Nachrichten ziemlich schnell. Daher wussten wir tatsächlich, dass Berta dich schon bald zu uns bringen wollte. Nur euren genauen Ankunftstag, den kannten wir natürlich nicht.“

Ganz eng drängt Leo sich nun an die große Elefantenfrau. Zu gern hätte er gerade jetzt etwas von ihrer Stärke für sich selbst. Sein kleiner Körper ist voller Angst. Ganz wackelig fühlen sich plötzlich seine Beine an, gerade so, als wollten sie ihn nicht mehr tragen.

„Am liebsten würde ich jetzt meinen Kopf von rechts nach

links und dann von links nach rechts drehen. Das hat mir schon so oft geholfen. Aber es ist wirklich komisch. Mein Kopf gehorcht mir nicht. Er lässt sich einfach nicht bewegen, ganz egal wie sehr ich mich anstrenge“, spürt Leo.

Einen kleinen Moment später umarmt Berta ihn liebevoll mit ihrem biegsamen Rüssel.

„Das fühlt sich so gut an“, merkt Leo. Er wünscht sich, die Umarmung möge nie aufhören.

„Geh bitte mit Lea spielen. Ich habe mit den Erwachsenen etwas Wichtiges zu besprechen“, drängt Berta nun.

„Ich will aber bei dir bleiben. Zum Spielen habe ich jetzt keine Lust“, entgegnet Leo. Er hört selbst, wie zittrig seine Stimme klingt, fast so, als würde er gleich weinen.

„Ach, komm schon. Bei den Erwachsenen ist es doch langweilig. Wir können später zu ihnen gehen. Lass uns Verstecken spielen. Hier gibt es super Verstecke, ich zeige sie dir“, schlägt Lea vor.

Erschrocken schaut Leo den drei Erwachsenen nach, die sich langsam von ihnen entfernen. Noch immer steht Leo wie erstarrt da. Schrecklich im Stich gelassen fühlt er sich von Berta.

„Warum bist du plötzlich so gemein zu mir. Du hast mir nicht gesagt, was du heute vorhattest, sonst wäre ich überhaupt nicht mit dir mitgekommen“, schreit er der großen Elefantenfrau hinterher. Es klingt ziemlich wütend. Und sehr verzweifelt.

Sofort bleibt Berta stehen. Sorgenvoll schaut sie zu ihrem Schützling. Mit langsamen Schritten kommt sie auf ihn zu.

„Ich habe dir immer gesagt, dass du auf Dauer nicht bei mir bleiben kannst. Du weißt doch, dass ich ständig unterwegs bin. Ich habe nicht genügend Zeit, mich ausreichend um dich zu kümmern. Mach es dir und mir bitte nicht so schwer. Ich bin davon überzeugt, dass du in dieser Löwenfamilie gut aufgehoben sein wirst. In einigen Wochen werde ich dich besuchen. Dann kann ich sehen, wie es dir geht. Bis dahin hast du dich hier sicher schon gut eingelebt.“

Am liebsten würde Leo jetzt weglaufen. Er möchte nicht hören, was Berta zu ihm sagt. Aber irgendwo tief in sich weiß er, dass sie recht hat.

„Berta hat immer zu mir gesagt, dass sie eine neue Löwenfamilie für mich sucht, weil ich auf Dauer nicht bei ihr bleiben kann. Ich wollte das nie hören, weil es jedes Mal so entsetzlich weh tat“, erinnert sich Leo. Stumm schaut er vor sich hin.

Mitfühlend blickt Berta auf ihren kleinen Schützling. Sie weiß genau, wie schwer der Abschied für ihn sein wird.

„Ich kann mir wirklich vorstellen, wie dir zumute ist. Erst musstest du ertragen, dass deine Eltern dich nicht gut versorgen, oft sogar schrecklich gemein zu dir waren. An Körper und Gefühlen haben sie dir Schmerzen zugefügt. Trotz all dieser schlimmen Erfahrungen hast du es geschafft, mir zu vertrauen. Und nun fühlst du dich schrecklich im Stich gelassen von mir. Das tut so weh! Ich weiß das. Trotzdem muss es sein, dass sich unsere Wege nun trennen. Wie versprochen werde ich von Zeit zu Zeit zu dir kommen und nachsehen, wie es dir geht. Das ist mir sehr wichtig! Ich gebe dich zwar hier in die Obhut deiner neuen Familie, aber ich lasse dich nicht im Stich. Du kannst jederzeit einen der kleinen Nachrichtenvögel bitten, mir eine Botschaft von dir zu bringen.“ Sehr ernst klingt Bertas Stimme, während sie dieses sagt.

„Kommst du wirklich, wenn ich dich dringend brauche?“, fragt Leo zaghaft.

„Selbstverständlich mache ich das. Sobald du oder deine neuen Pflegeeltern mir so eine Nachricht übermitteln, eile ich zu dir“, verspricht Berta. „Aber nun muss ich mit den Erwachsenen noch Wichtiges besprechen. Geh jetzt bitte mit Lea spielen, dann haben wir nachher noch etwas Zeit miteinander. Bis morgen bleibe ich hier bei euch, erst dann ziehe ich weiter.“

Irgendetwas in Leo krampft sich schmerzhaft zusammen. „Es ist, als wenn ein schwerer Stein in meinem Bauch liegen würde, der mich nach unten zieht“, fühlt er. Leo weiß, dass

Bertas Entschluss, ihn hier in dieser Löwenfamilie zu lassen, unumstößlich ist.

„Ich werde mich fügen, aber gern mache ich das nicht", denkt er.

Langsam geht er zu Lea hinüber, die bei einem der Riesenbäume ungeduldig auf ihn wartet.

„Du wirst mein neuer Bruder, stimmt's?", will sie wissen. Leo bleibt stumm, nickt aber bestätigend mit dem Kopf.

„Das habe ich gleich gewusst. Direkt als ihr gekommen seid, habe ich mir das gedacht", ruft sie lachend. Sie scheint sich darüber zu freuen.

„Sind deine Eltern nett?", fragt Leo vorsichtig.

„Oh ja, das sind sie wirklich. So nette Eltern wie diese hatte ich noch nie", erklärt Lea.

„Hattest du denn schon mehrere Eltern?", will Leo wissen. Er versteht nicht, was das Löwenmädchen mit ihrem Satz meint.

Nun ist es Lea, die betrübt aussieht. Unruhig reibt sie sich die Augen, gerade so, als wolle sie sich verstohlen ein paar Tränen wegwischen.

„Lena und Lars sind meine dritten Eltern. Aber bei ihnen werde ich für immer bleiben, da bin ich ganz sicher. Die werden mich niemals wegschicken. Zuerst habe ich bei den Eltern gelebt, bei denen ich geboren wurde. Aber da war ich nicht lange. Irgendwie konnten sie wohl nicht richtig für mich sorgen. Ich war noch ein Baby, als ich zu meinen zweiten Eltern kam. Die haben behauptet, dass sie mich schrecklich gernhaben und mich niemals abgeben werden. Es war auch wirklich schön da, aber dann ..." Lea kann nicht weitersprechen. Dicke Tränen kullern aus ihren kleinen Löwinnenaugen. Leo möchte sie so gern trösten. Vorsichtig schmiegt er seinen Kopf an ihren.

„Ich weiß, wie du dich fühlst. Ich glaube, deine zweiten Eltern haben dich im Stich gelassen, oder?", flüstert er.

Lea nickt zustimmend. Langsam wischt sie sich die Tränen ab.

„Das war so gemein", stößt sie hervor. „Nur weil sie ein

Baby bekommen haben, wollten sie mich dann plötzlich nicht mehr. Sie haben gesagt, es würde ihnen zu viel mit dem Baby und mir, das könnten sie unmöglich alles schaffen."

„Wenn sie so blöd waren, haben sie so ein tolles Mädchen wie dich gar nicht verdient", erklärt Leo voller Überzeugung. Er weiß selbst nicht, wie ihm gerade jetzt dieser Satz einfallen konnte. Irgendwie ist er etwas stolz auf sich, als er sieht, dass Lea nun lächelt.

„Jetzt sind wir für immer Geschwister und haben gute Eltern, die uns niemals im Stich lassen", sagt Lea.

So ganz überzeugt ist Leo noch nicht, dass jetzt alles gut werden wird. Aber das äußert er lieber nicht. Auf keinen Fall möchte er, dass Lea wieder traurig wird.

„Komm, lass uns verstecken spielen. Du wolltest mir doch die super tollen Verstecke zeigen, die es hier gibt", ruft er und versucht, seine Stimme möglichst fröhlich klingen zu lassen.

Während sie gemeinsam zwischen Bäumen und hinter hohem Dickicht nach geeigneten Verstecken Ausschau halten, bemühen sich beide, schwere Gedanken und schmerzende Gefühle beiseite zu schieben.

„Das ist wirklich so, als hätte jemand die Geschichte extra für mich geschrieben", ruft Janis aus, kaum dass Frau Wallner das Kapitel zu Ende vorgelesen hat.

„Ich werde auch tapfer sein, wenn ich bei den neuen Leuten bin, die mir jetzt noch so schrecklich fremd sind. Ich will dich nicht blamieren. Sie sollen merken, dass ich kein Angsthase bin und kein Waschlappen. Ich werde ganz bestimmt nicht weinen. Ich bin mutig!"

„Falls du wirklich mutig bist, traust du dich auch zu weinen, wenn du traurig bist. Nicht zu weinen, um nicht ausgelacht zu werden, ist doch eher feige, als seine Gefühle zu zeigen, oder?", meint Frau Wallner.

Janis weiß nicht, ob sie auf diese Frage wirklich eine Antwort möchte. Zweifelnd zuckt er mit den Schultern.

„Meinst du, Berta lässt Leo wirklich allein bei den neuen Eltern zurück?", fragt er.

„Nun, das denke ich schon. Es ist doch so vereinbart. Außerdem ist die Elefantenfrau froh, eine so gute Familie für den kleinen Löwenjungen gefunden zu haben. Mit uns beiden ist es ebenso. Ich werde sehr erleichtert sein, wenn es für dich einen wirklich guten neuen Platz zum Aufwachsen gibt. Und das scheint so zu sein. Wir werden uns also auch bald voneinander verabschieden, genau wie Berta und Leo. Und auch wir wissen schon jetzt, dass wir uns gegenseitig besuchen können."

Janis sagt nichts dazu. Gegen die aufsteigenden Tränen kämpft er an.

„Ich finde es tapfer, nicht zu weinen. Aber vielleicht ist es auch feige. Mir ist es egal", denkt Janis. Er spürt, wie sich Ärger und Traurigkeit in ihm mischen und weiter und weiter ausbreiten.

Abrupt springt er auf. Gerade so, als würde ihn jemand hetzen, eilt er ins Badezimmer. Dort schließt er sich ein und weint hinter verschlossener Tür.

„Du brauchst dich mit deiner Traurigkeit nicht allein zu lassen. Ich kann dich im Arm halten und trösten. Du musst nur zu mir kommen", ruft Frau Wallner ihm nach.

„Ich bin gar nicht traurig", schluchzt Janis. Etwas ärgerlich macht es ihn schon, von seiner Oma so durchschaut zu werden. Irgendwie freut es ihn aber auch, dass sie so genau merkt, wie es ihm geht.

„Ich bin froh, dass sie so gut für mich da ist", spürt er.

Wieder stellt er sich vor, der kleine Löwenjunge wäre direkt neben ihm. Janis fühlt deutlich, wie plötzlich Löwenkräfte in ihm aufsteigen. Mehr und mehr breiten sie sich in ihm aus. Ganz voll ist er jetzt schon davon, ganz voll. Entschlossen wischt er die Tränen ab, öffnet die Tür und geht zurück zur

Couch. Der restliche Kakao ist zwar inzwischen kalt geworden, aber er schmeckt trotzdem noch.

„Kann ich nach draußen gehen und etwas Fahrrad fahren?", erkundigt er sich mit abgewandtem Gesicht.

„Natürlich, die frische Luft wird dir guttun. Komm aber rechtzeitig nach Hause. Du weißt, die Hausaufgaben warten noch auf dich", erinnert Frau Wallner ihn.

„Ach, die blöden Hausaufgaben. Dazu habe ich heute gar keine Lust", stöhnt Janis.

Eine Antwort seiner Oma wartet er lieber nicht ab. Eilig holt er seinen Fahrradhelm, streift sich Jacke und Schuhe über, und schon verlässt er das Haus. An diesem Abend möchte Janis keine Geschichte vorgelesen bekommen. Das Kapitel mit dem Abschied von Berta will er auf den nächsten Tag verschieben.

„Sonst träume ich noch davon, und das wäre bestimmt ein trauriger Traum", entscheidet er.

Erst am nächsten Tag äußert er nach den Hausaufgaben den Wunsch, seine Oma möge ihm wieder vorlesen.

„Heute ist das richtig passend", stimmt Frau Wallner zu. „Sieh nur, wie sehr es draußen regnet. Da machen wir es uns hier im Haus besonders gemütlich. Ich koche uns wie üblich Kakao und Kaffee, und dann zünden wir uns noch eine Kerze an. Es ist ja jetzt schon richtig dämmrig bei diesem Regenwetter."

Als sie die heißen Getränke bringt, hat Janis schon das Buch bereitgelegt und es sich auf der Couch gemütlich gemacht.

„Es kann losgehen", sagt er und schaut seine Pflegeoma auffordernd an.

Lächelnd trinkt Frau Wallner einen Schluck aus ihrer Tasse, nimmt dann das Buch zur Hand und beginnt sogleich zu lesen.

Kapitel 10: Abschied von Berta

In der Nacht drängt Leo sich ganz nah an Berta. Er weiß, es ist die letzte Nacht, die er so dicht an seine Beschützerin gekuschelt verbringen darf.

„Heute würde ich am liebsten gar nicht einschlafen. Dann könnte ich die ganze Nacht Berta neben mir spüren. Das wäre schön!“, denkt Leo und versucht, möglichst lange wachzubleiben. Aber irgendwann fallen ihm doch die Augen zu. Schon bald ist er im Reich der Träume.

Im Traum ist alles um ihn herum finster. Schrecklich bedrohlich fühlt es sich an. Leo möchte nach Berta rufen, aber es gelingt ihm nicht. Nur ein heiseres Krächzen kommt aus seinem kleinen Löwenmund.

Plötzlich spürt Leo etwas Schweres auf sich herabstürzen. Einen Moment später umschließt es ihn so eng, dass er sich nicht mehr zu bewegen vermag.

„Bestimmt ist es genauso ein Netz, wie jenes, das schon Berta gefangen gehalten hatte.“ Davon ist Leo im Traum fest überzeugt.

„Jetzt brauche ich Hilfe“, denkt er.

Leo fühlt, dass er kaum noch atmen kann, so fest schnürt sich das Netz um ihn. Immer ein Stückchen enger. Seine Kräfte reichen nicht aus, etwas dagegen zu tun.

„Berta, wo bist du? Hilf mir doch! Warum beschützt du mich nicht", möchte er schreien, aber sein Mund ist wie zugeklebt. Tränen laufen aus seinen Augen. Er spürt sie ganz deutlich.

Irgendetwas reißt Leo aus dem Schlaf. Hastig öffnet er die Augen. Neben ihm steht Berta. Liebevoll blickt sie auf ihn herab.

„Ich glaube, du hast schlecht geträumt", sagt sie. „Hin und her hast du dich gewälzt, sonderbare Laute von dir gegeben und dann auch noch Tränen vergossen. Was war los bei dir im Traum?", will Berta wissen.

„Ich war ganz allein. Um mich herum war es entsetzlich dunkel. Plötzlich war ich in so einem Netz gefangen wie du neulich. Ich wollte nach dir rufen, aber mein Mund war wie zugeklebt. Das war furchtbar! Du musst bei mir sein. Wer sonst sollte mich beschützen?" Leos Stimme ist anzumerken, wie aufgeregt und verängstigt er ist.

„Gut, dass du es ansprichst", entgegnet Berta. „Ab jetzt werden es deine neuen Eltern sein, die dich beschützen. Auf sie kannst du dich wirklich verlassen, davon bin ich fest überzeugt."

Erst jetzt fällt Leo wieder ein, was für ein besonderer Tag heute ist. Er will nicht daran denken! Erst recht möchte er nicht, dass es wirklich geschieht!

Aber Berta spricht all das aus, was Leo jetzt gar nicht hören möchte.

„Ich bin schon seit einer Weile wach. Gleich werde ich mich auf den Weg machen. Von deinen Pflegeeltern habe ich mich schon verabschiedet und von Lea auch. Sie freut sich, gleich wieder mit dir herumtoben zu können. Vielleicht macht ihr sogar alle zusammen einen Ausflug, damit du hier alles kennenlernst", sagt sie.

„Ich will kein neues Zuhause! Wenn du mich trotzdem zurücklässt, laufe ich weg und heimlich hinter dir her", ruft Leo so laut, dass Lea und ihre Eltern zu ihm herüberschauen. Eine riesengroße Wut steigt in ihm auf.

„Jetzt fühlt es sich so an wie früher, als ich noch bei meinen Eltern war", spürt Leo.

„Wenn du mich hierlässt, mache ich alles kaputt", schreit er. Verzweifeltes Brüllen schallt aus seinem kleinen Löwenmund. Riesengroß ist seine innere Not.

„Bitte Berta, lass mich nicht allein", fleht er. Ganz verzweifelt klingt seine Stimme.

Die große Elefantenfrau schaut ihn ernst an. Auch in ihren Augen ist Traurigkeit zu erkennen.

„Wir sollten uns jetzt schnell verabschieden, sonst wird der Abschiedsschmerz nur noch größer. In ein paar Wochen komme ich dich besuchen", verspricht Berta erneut.

Und dann wendet sie sich tatsächlich von Leo ab. Der Löwenjunge kann nicht glauben, dass die Elefantin ihm das wirklich antun will.

„Du bist so gemein", ruft er. „Schrecklich gemein, genau wie alle anderen. Dir habe ich vertraut. Das war wirklich dumm von mir. Ich hasse dich. Ich hasse euch alle. Und mich hasse ich auch. Keinen von euch will ich mehr sehen. Alles hier mache ich kaputt, die Tiere, Bäume, jedes Gebüsch, alle Blumen." Leo brüllt, so laut er kann. Es ist ein verzweifeltes, wütendes, hilfloses und auch entsetzlich trauriges Löwenbrüllen, das da aus seinem kleinen Mund kommt.

Berta hält mitten im Gehen inne. Langsam dreht sie ihren Kopf zurück. Jetzt schaut sie Leo direkt in die Augen.

„So sollten wir nicht auseinandergehen. Wir haben uns doch mögen gelernt und auch, uns gegenseitig zu vertrauen", sagt sie. Langsam geht sie einige Schritte auf den kleinen Löwenjungen zu. Als sie fast bei ihm ist, bittet sie ihn, sich mit ihr unter einen der großen, Schatten spendenden Bäume zu legen.

„Ich denke, hier sollten wir ganz in Ruhe voneinander Abschied nehmen", erklärt sie.

Wütend schaut Leo zu ihr hin.

„Berta soll endlich verschwinden! Ich will ihr nicht mehr zuhören und ihr auch nichts mehr sagen. Sie lässt mich sowieso jetzt im Stich“, schreit es in Leo. Tief in sich weiß er, Berta damit unrecht zu tun.

„Sie hat immer gesagt, dass sie nur eine Weile für mich da sein wird, nur solange, bis sie eine neue Löwenfamilie für mich gefunden hat“, erinnert er sich. Und schon kann er nicht mehr wirklich wütend auf Berta sein. Aber verzweifelt, das ist er immer noch.

Langsam geht er zu dem Baum, unter dem Berta schon auf ihn wartet. Mit etwas Abstand legt er sich neben sie.

„Erinnerst du dich, wie verzweifelt, erschrocken und durcheinander du warst, als ich in dem Netz gefangen war? Alles schien so ausweglos. Aber du hast nicht aufgegeben. Auf deine inneren Kräfte hast du vertraut. Sie haben dir den Weg gezeigt, mir zu helfen. Ich möchte, dass du auch jetzt deiner inneren Kraft vertraust, sie wachsen und stark werden lässt. Nutze die Chance, die du in deiner neuen Familie bekommst. Ich werde dich wie versprochen manchmal besuchen und ganz sicher nicht im Stich lassen.“ Bertas Stimme klingt sehr eindringlich und ernst.

„Ganz rau ist ihre Stimme eben beim Reden geworden“, findet Leo. „Berta hat mich noch nie belogen. Vielleicht habe ich hier in der neuen Familie wirklich eine echte Chance auf ein gutes Leben. Ich werde Berta beweisen, dass sie sich auf mich verlassen kann. Wenn sie mich besuchen kommt, wird sie es merken und sich bestimmt darüber freuen“, denkt Leo. Er spürt, dass sich diese Gedanken trotz des großen Abschiedsschmerzes richtig gut anfühlen. Und während er ihnen weiter nachspürt, wachsen seine innere Kraft und Stärke weiter und weiter …

Eine Zeit lang schweigen Leo und Berta nun. Inzwischen sind sie näher und näher zueinander gerückt. Jetzt liegen sie eng aneinander gekuschelt. Leo lauscht Bertas Atemzügen. Er spürt, wie seine Beine sich entspannen, seine Pfoten, sein Kopf, sein ganzer Körper.

„Kommst du mich wirklich besuchen und siehst nach, ob es mir gut geht in dieser neuen Familie?“, möchte er nun noch einmal wissen. Ärger und Wut sind aus seiner Stimme verschwunden.

„Ganz sicher komme ich, genauso, wie ich es dir bereits mehrfach versprochen habe“, versichert Berta.

„Können wir, bevor du gehst, noch einmal zusammen das machen, was uns beiden schon öfter geholfen hat?“, fragt Leo.

Es freut ihn, dass die Elefantin sofort weiß, was er meint. Fast gleichzeitig stellen sie sich hin, drehen ihren Kopf von der rechten Seite zur linken und von der linken zur rechten. Genau dreimal machen sie es. Leo muss etwas lächeln. Er findet, dass es wieder so witzig aussieht, wie Bertas Rüssel dabei hin und her schwingt.

Noch einmal schmiegen der kleine Löwenjunge und die Elefantenfrau ihre Köpfe ganz dicht aneinander. Erst jetzt macht Berta sich auf den Weg zu ihrem nächsten Schützling, dem kleinen Affenmädchen.

Traurig und doch auch irgendwie innerlich gestärkt schaut Leo ihr nach. Noch einmal atmet er tief ein und dann kraftvoll seine Traurigkeit aus bevor er langsam auf seine neuen Eltern und seine Pflegeschwester Lea zugeht. Nur wenige Meter entfernt haben sie unter einem anderen Baum auf ihn gewartet.

„Ich wusste, dass dieses für mich ein trauriges Kapitel ist“, stößt Janis hervor. „An Abschied mag ich gar nicht denken. Dann fallen mir sofort meine Eltern wieder ein. Warum konnten sie nicht besser für mich da sein? Meistens macht mich das richtig wütend auf sie, manchmal auch nur traurig. Als ich noch bei ihnen gewohnt habe, haben sie mich kaum beachtet. Dabei war es völlig egal, ob ich nett und hilfsbereit war, sie kaum gestört habe oder ob ich Wutanfälle hatte, total anstrengend war und richtig viel Mist gebaut habe. Gekümmert haben sie sich sowieso nicht um mich. Alles hat sie nicht interessiert. Ich jedenfalls ganz bestimmt nicht. Nur ihre Pillen waren ihnen wichtig und dass genug Alkohol im Haus war. Manchmal habe ich heimlich welchen weggeschüttet. Aber ich glaube, nicht einmal das haben sie wirklich bemerkt. Sie haben dann einfach neuen gekauft. Ich glaube, mich von dir bald wieder trennen zu müssen, das fällt mir noch etwas schwerer als der Abschied von meinen Eltern. Aber ich weiß nicht, ob das so stimmt. Vielleicht ist auch beides gleich schwer für mich. Am liebsten denke ich gar nicht darüber nach. Deshalb wollte ich gestern Abend das Kapitel mit dem Abschied von Berta auch nicht vorgelesen bekommen“, erklärt Janis.

„Da hast du aber gut für dich gesorgt. Ich weiß ja, du bist ein schlauer Junge!“, sagt Frau Wallner. Liebevoll lächelt sie ihren Schützling an.

„Kannst du mir das nächste Kapitel auch noch vorlesen? Vielleicht geht es Leo ja gut in seiner neuen Familie. Wenn er dort glücklich wird, kann ich heute Nacht besser schlafen. Ich muss bei der Geschichte immer an meine neuen Kinderhauseltern denken und wie die wohl zu mir sein werden“, erklärt Janis.

„Also gut“, stimmt Frau Wallner zu. „Die Hausaufgaben hast du ja bereits erledigt. Draußen regnet es immer noch, da können wir uns ruhig das nächste Kapitel auch noch vornehmen.“

Bevor sie dann aber mit dem Vorlesen beginnt, hat sie noch eine Idee: „Gestern habe ich zum Dank für meine Hilfe von unserer Nachbarin sehr leckere Kekse geschenkt bekommen. Davon hole ich uns jetzt einige, dann wird es noch gemütlicher.“

„Au ja, das ist super!“, stimmt Janis begeistert zu.

Kaum hat Frau Wallner die Plätzchen auf den Tisch gestellt, ist auch schon eines davon in seinem Mund verschwunden.

„Oh, die sind wirklich lecker“, ruft Janis aus.

Frau Wallner lächelt und beginnt zu lesen.

Kapitel 11: Die neue Familie

Täglich spürt Leo, dass er bei seinen Pflegeeltern und Lea wirklich willkommen ist. Trotzdem wünscht er sich insgeheim jeden Tag aufs Neue Berta herbei. Besonders abends vor dem Einschlafen ist das so. Dann dreht er langsam seinen Kopf von der rechten Seite zur linken und von der linken zur rechten. Genau dreimal macht er das. In diesen Momenten fühlt er sich Berta besonders nahe.

„Es ist so, als wäre sie genau neben mir. Ich stelle mir das einfach so vor. Mit geschlossenen Augen glaube ich ganz fest daran, dass wir genau in diesem Augenblick gleichzeitig unsere Köpfe von rechts nach links und von links nach rechts drehen. Kann doch sein, dass Berta das auch gerade irgendwo macht und dabei an mich denkt. Dann ist es wirklich so, als würden wir es gemeinsam machen“, tröstet sich Leo.

Manchmal zaubert das ein Lächeln in sein kleines Löwengesicht.

„Ich werde tapfer sein und mir in meiner neuen Familie eine echte Chance geben. Ich habe es Berta versprochen“, erinnert er sich dann. „Außerdem hat sie wirklich recht. Diese Familie ist gut für mich. Ganz genau spüre ich das. Richtig sicher und geborgen fühle ich mich hier. Auf meine neuen Pflegeeltern kann ich mich verlassen, und mit Lea verstehe ich mich auch gut. Naja, manchmal streiten wir auch. Aber wir schaffen es jedes Mal, uns wieder zu vertragen."

Jeden Tag ziehen die beiden Löwenkinder gemeinsam umher. Besonders gern spielen sie Verstecken. Leo wusste gar nicht, wie viel Spaß das machen kann. Besonders freut es ihn, wenn seine neuen Eltern, Lars und Lena, Zeit haben mitzukommen. Manchmal erinnert er sich daran, wie neidisch er früher auf Löwenkinder war, die gemeinsam mit ihren Eltern freudig umher tobten.

„Wenn ich so etwas damals beobachtet habe, bin ich sofort traurig und wütend geworden. Jetzt bin ich selbst so ein glückliches Löwenkind. Endlich habe ich Eltern, die gut für mich sorgen und mich niemals im Stich lassen oder wegschicken würden." Da ist Leo sich immer sicherer.

Aber selbst in diesen guten Zeiten überfallen ihn an manchen Tagen Gefühle, die ihn tief innen entsetzlich quälen. Völlig ohne Vorwarnung tauchen sie auf, sind einfach da, wie aus einer anderen Welt. Für den kleinen Löwenjungen fühlt es sich jedes Mal wie ein grausamer Überfall an. Dann sind da wieder die alte Angst, Unsicherheit, Misstrauen, manchmal auch Wut, die ihn umschlingen. Wie ein bedrohliches Unwetter breiten diese Gefühle sich mehr und mehr, tiefer und tiefer in ihm aus. Oft geschieht das ganz plötzlich.

„Hilfe, was ist nun schon wieder los? Warum habe ich gerade jetzt diese entsetzlich große Angst? Ich hasse das! Ich hasse mich! Ich hasse die ganze Welt! Was ist das für ein Gefühlsdurcheinander in mir? Hoffentlich merkt niemand, wie komisch ich bin. Ich schäme mich so sehr dafür. Andere Kinder sind völlig okay. Warum kann ich nicht auch so sein."

Leo will diese Gedanken und Gefühle nicht. Verzweifelt versucht er sich dagegen zu wehren.

„Sie tun so weh! Bitte, sie sollen aufhören, mich zu quälen", spürt er. Meistens beginnt genau dann auch sein Bauch wieder zu schmerzen.

Nicht immer tauchen diese quälenden Gedanken und Gefühle wie ein Überfall auf. An manchen Tagen scheinen sie sich ganz langsam anzuschleichen. Dann merkt Leo zunächst nur, dass er sich irgendwie unbehaglich fühlt. Ganz unruhig macht ihn das. Zum Spielen fehlt ihm an diesen Tagen die Lust. Wenn Lea oder seine Pflegeeltern ihn zu beruhigen versuchen, spürt er sofort Wut in sich aufsteigen. Auch das Gefühl kennt er von früher noch sehr genau.

„Ich hasse diese alten Gefühle. Sie sollen mich endlich in Ruhe lassen. Ich will sie in meinem neuen Leben nicht mehr haben", schreit es in Leo. Nach außen bleibt er gerade dann lieber stumm. Selbst von Lea will er in solchen Momenten in Ruhe gelassen werden und erst recht von seinen neuen Eltern.

„Niemand soll wissen, wie ich mich fühle. Das ist allein meine Sache. Verstehen kann mich sowieso niemand. Ich weiß ja selbst nicht, was mit mir dann plötzlich los ist", entscheidet er und fühlt sich dabei entsetzlich traurig, wütend und allein.

Mit aller Kraft versucht er gegen diese Gefühle und Gedanken anzukämpfen. Er will sich nicht ängstlich, traurig, hilflos, ohnmächtig, verzweifelt fühlen. Erst recht möchte er nicht weinen. Stattdessen will er lieber etwas kaputtmachen.

„Es fühlt sich fast genauso an wie früher, als ich noch bei meinen anderen Eltern war. Sie haben mich wirklich oft im Stich gelassen. Manchmal waren sie richtig gemein zu mir, haben mir auch extra wehgetan. Da hatte ich einen Grund, solch schreckliche Gefühle zu haben. Aber warum überfallen sie mich jetzt noch manchmal? Mir geht es doch gut! Endlich habe ich Eltern, auf die ich mich verlassen kann, und eine Schwester, mit der ich mich meistens verstehe, auch wenn sie manchmal nervt", überlegt Leo.

Deutlich spürt er, wie sehr ihn diese Gedanken verwirren. Er möchte nicht, dass die schrecklichen Erinnerungsgefühle dazu führen, dass er ungeduldig, ungerecht, ja manchmal sogar richtig gemein anderen gegenüber wird.

In solchen Momenten läuft er unruhig und ziemlich verzweifelt hin und her, stampft heftig mit seinen kleinen dicken Pfoten auf, möchte am liebsten laut losbrüllen.

Irgendwann fällt ihm meistens ein, wozu Berta ihm jetzt raten würde. Und schon macht er das, was er von ihr gelernt und so häufig zusammen mit ihr gemacht hat. Er dreht seinen Kopf von der rechten zur linken Seite und von der linken zur rechten. Genau dreimal macht er das. Schon bald spürt er Beruhigung in sich aufsteigen.

„Danke, dass du mir dieses Kapitel auch noch vorgelesen hast. Jetzt weiß ich, dass es für Leo zwar schwer ist, sich in seiner neuen Familie einzugewöhnen, aber er schafft es bestimmt. Und ich werde es auch schaffen!" Davon ist Janis nun fest überzeugt.

„Natürlich wirst du das", bestätigt Frau Wallner. „In dir stecken doch Löwengefühlskräfte, auch wenn du sie manchmal nicht spürst."

Janis lächelt in sich hinein. Wieder nimmt er den Löwenjungen Leo ganz dicht neben sich wahr, und nun zusätzlich Lea. Schließlich gehört sie jetzt auch dazu.

„Innenfreunde sind wirklich gut, jedenfalls viel besser als gar keine Freunde. Und vielleicht finde ich sogar bald Außenfreunde, kann ja sein", ermutigt Janis sich selbst.

„Auf jeden Fall werde ich mir eine echte Chance dazu geben. Oma Wallner meint, ich könnte ein guter Freund sein. Das hat sie erst gestern wieder zu mir gesagt", erinnert Janis sich und spürt, wie gut das tut.

„Na du Träumer, woran denkst du? Ganz weit weg scheinst du mit deinen Gedanken zu sein", hört er seine Oma sagen.

„Ach, was du immer gleich meinst. Ich habe an gar nichts Bestimmtes gedacht. Nur dass es aufgehört hat zu regnen, das habe ich gerade bemerkt. Jetzt könnte ich doch noch etwas nach draußen gehen", sagt Janis ausweichend. Es ist ihm etwas peinlich, von Oma Wallner wieder beim Träumen erwischt worden zu sein.

Frau Wallner seufzt laut auf. „Also gut, geh noch etwas nach draußen. Lass dir den Wind um die Ohren wehen. Das bringt dich auf andere Gedanken“, sagt sie.

„Typisch Oma Wallner“, denkt Janis. Bevor er von der Couch aufsteht, steckt er sich schnell noch zwei der leckeren Plätzchen in den Mund.

„Ja, nimm nur. Solange sie frisch sind, schmecken die Kekse am besten“, bestärkt ihn Frau Wallner. Auch sie greift noch einmal zu, bevor sie den Teller zurück in die Küche bringt.

Die Tassen räumt Janis wieder ab, diesmal, ohne daran erinnert werden zu müssen.

Beim Abendessen ist Janis sehr schweigsam. Frau Wallner beobachtet ihn sorgenvoll. „Was ist los? Du wirkst so bedrückt. Hattest du Streit draußen?“ erkundigt sie sich schließlich.

„Nein, mit wem sollte ich denn Streit gehabt haben? Es war ja kein anderes Kind auf dem Spielplatz“, erklärt Janis.

„Ich kenne dich doch. Mit irgendetwas sind deine Gedanken und Gefühle gerade schwer beschäftigt. Du musst es mir natürlich nicht sagen. Aber ich kann es wirklich kaum aushalten, wie sehr du dich ganz offensichtlich mit ziemlich belastenden Gefühlen allein lässt. Manchmal ist es gut, eine solche Last abzuladen“, gibt die alte Frau zu bedenken.

„Und wie soll das gehen?“, fragt Janis. Seine Stimme klingt nun deutlich ärgerlich.

„Nun, du könntest mir zum Beispiel davon erzählen. Dann bist du es einmal losgeworden, und wir können die Last gemeinsam betrachten. Schon öfter haben wir eine Lösung für etwas gefunden, was erst ziemlich schwierig zu bewältigen schien. Oder etwa nicht?“

Janis ist unsicher, ob seine Oma ihn nun genervt fordernd oder liebevoll ermutigend anschaut. Einen Moment zögert er. Dann entscheidet er sich für Letzteres.

„Ich habe draußen Mama getroffen. Das war schön und blöd zugleich. Irgendwie hat sie sich etwas komisch benommen. Ich glaube, sie war gerade einkaufen. Jedenfalls hatte sie die Einkaufstasche dabei", erzählt Janis mit etwas wackeliger Stimme.

Frau Wallner nickt nachdenklich mit dem Kopf. „Jetzt kann ich mir vorstellen, was in dir los ist. Wahrscheinlich ein richtiges Gefühlsgewitter. Dann wollen wir mal sehen, ob wir das Unwetter in dir gemeinsam wieder beruhigen können. Hast du mit deiner Mutter gesprochen? Oder hat sie dich gar nicht gesehen?", erkundigt sich Frau Wallner.

„Doch, sie hat mich gesehen. Erst wollte ich weggehen und mich verstecken, weil sie wieder so komisch wirkte. Aber dann hat sie gemeint, wir hätten uns jetzt schon eine Weile nicht mehr gesehen, da solle ich mir wenigstens einen Moment Zeit für sie nehmen", entgegnet Janis.

„Besser wäre es gewesen, wenn deine Eltern sich früher genügend Zeit für dich genommen hätten!", unterbricht Frau Wallner Janis Bericht.

Schon im nächsten Moment scheint sie selbst erschrocken, so etwas gerade gesagt zu haben. Sogleich entschuldigt sie sich: „Tut mir leid. Ich will deine Eltern nicht schlecht machen. Sicher haben sie alles so gut gemacht, wie sie es konnten. Trotzdem, für dich war es einfach eine Katastrophe dort. Kinder brauchen Erwachsene, auf die sie sich verlassen können, die sie beschützen, mögen und gut versorgen. Das hat dir dort einfach gefehlt. Glücklicherweise wollen auch deine Eltern, dass du das endlich bekommst. Ebenso wie ich wünschen auch sie dir Erwachsene an deiner Seite, die dir das geben, was deine Eltern nicht schaffen. Irgendwie scheinen sie dich doch zu mögen. Vielleicht ist ihnen dein Wohlergehen wichtiger, als es manchmal den Eindruck macht."

Janis würde seine Oma jetzt am liebsten umarmen für das, was sie gerade gesagt hat. „Du bist wirklich manchmal wie Berta aus der Geschichte", sagt er lachend.

Jetzt erst bemerkt er, wie lecker die Reibepfannkuchen mit Apfelmus sind, die Frau Wallner extra für ihn zum Abendessen gemacht hat.

Auch an diesem Abend wünscht Janis, weiter aus dem Buch vorgelesen zu bekommen.

„Oh, das ist jetzt schon das vorletzte Kapitel. Morgen werden wir dann wohl erfahren, wie das Buch endet“, sagt Frau Wallner, als sie das Buch zur Hand nimmt und sofort an der passenden Stelle aufschlägt.

„Das ist auch gut so. Übermorgen ist schon Montag. Da kommen uns doch diese Leute besuchen, die ich eigentlich gar nicht kennenlernen will und zu denen ich erst recht nicht hinziehen möchte“, meint Janis nochmals betonen zu müssen.

Wieder herrscht eine kleine Weile Schweigen zwischen ihm und seiner Oma. Janis sieht, wie bedrückt und nachdenklich sie wirkt.

Schnell atmet er dreimal tief ein und aus. In seinen Gedanken stellt er sich vor, dabei seinen Kopf dreimal von der rechten Seite zur linken und von der linken zur rechten zu drehen. Nach außen sichtbar will er es jetzt lieber nicht machen. Das wäre ihm in diesem Moment selbst vor seiner Oma zu peinlich.

„Du kannst dich auf mich verlassen. Ich gebe mir eine echte Chance in meinem neuen Zuhause, und ich werde es schaffen. Auch den Abschied will ich dir und mir nicht schwer machen. Ich denke dabei einfach an Leo, dann gelingt mir das schon.“ Janis Worte klingen wie ein Versprechen an seine Oma und auch an sich selbst.

„Recht so“, bestätigt Frau Wallner mit kraftvoller Stimme. „So kenne ich dich. Du bist genau richtig, so wie du bist, mein Junge!“

Einen kurzen Augenblick später sagt sie: „Und du weißt ja, manchmal tut es auch gut zu weinen. Wenn Traurigkeit aufkommt, darf man sie aus den Augen herausfließen lassen. Das ist besser, als sie im Körper einzusperren. Dort würde sie nur drücken. Meistens schmerzen dann der Kopf oder auch der Bauch, in jedem Fall aber die Gefühle.“

„Jetzt sprichst du wie die freundliche, hilfsbereite Elefantenfrau Berta. Ihr beiden seid euch wirklich total ähnlich", meint Janis lachend.

„Mit ihr kannst du mich gern vergleichen. Berta gefällt auch mir. Und du bist für mich wie der kleine starke Löwenjunge, der niemals aufgibt, egal in welcher schwierigen Situation er sich gerade befindet", sagt Frau Wallner. Dass sie das wirklich ernst meint, kann Janis an ihrem Gesichtsausdruck erkennen.

„Liest du jetzt vor?", bittet er.

„Natürlich. Wir sollten unbedingt beginnen. Es ist schon ziemlich spät und das Kapitel recht lang", drängt nun auch Frau Wallner.

Wie jedes Mal setzt sie auch jetzt wieder ihre Lesebrille auf und beginnt.

Kapitel 12: Wiedersehen mit Sina

So vergehen Tage und Wochen, in denen Leo sich mehr und mehr in seinem neuen Zuhause eingewöhnt.

„Lass uns Verstecken spielen", schlägt er auch heute wieder Lea vor. Sofort ist sie einverstanden. Erst gestern hat sie ein gutes neues Versteck für sich entdeckt, das Leo noch nicht kennt.

„Bestimmt wird er mich dort nicht so schnell finden. Da muss er endlich mal richtig lange nach mir suchen", freut sie sich.

„Geht nicht zu weit weg. Ihr wisst, dass zwischen den Bäumen häufig Fallen aufgestellt sind und die Jäger ohne Vorwarnung auf uns schießen", mahnen Lars und Lena.

„Es fühlt sich gut an, Eltern zu haben, die sich um uns sorgen", spürt Leo. Laut sagt er: „Ach, was ihr euch immer für Gedanken macht. Uns wird schon nichts passieren, wir passen doch auf!"

„Dann habt Spaß und seid pünktlich zum Abendessen zurück", ruft die Mutter noch schnell hinter ihnen her.

Einen Moment später schon sind die beiden Kinder zwischen den hohen Bäumen entschwunden.

„Du musst mich zuerst suchen", fordert Lea.

Etwas ungerecht findet Leo das schon, weil er sie am Vortrag dreimal und sie ihn nur zweimal gesucht hat. Aber gerade jetzt will er keinen Streit. Deshalb erklärt er sich einverstanden.

„Löwenauge auf! Löwenauge zu! Wo bist du? Ich komme jetzt und suche dich, und du darfst nicht erschrecken mich“, spricht er den Reim, den Lea und er sich selbst ausgedacht haben. Sie sind ziemlich stolz darauf.

Als er sich umdreht, ist Lea verschwunden. Kein Laut ist mehr zu hören, nicht einmal ein leises Knacken, was verraten würde, wo ungefähr sie sich versteckt haben könnte. Leo ist sicher, sie trotzdem schnell zu finden. Meistens gelingt ihm das ganz gut.

Aber heute scheint es anders zu sein. Leo schaut in allen ihm bekannten Verstecken nach. Nirgends ist Lea zu finden.

Plötzlich hört Leo Schüsse.

„Oje, die Jäger sind da. Ausgerechnet heute. Warum gerade hier, wo wir spielen? Ich muss mich in Sicherheit bringen. Aber wo ist Lea? Ich kann sie doch nicht im Stich lassen!“, durchfährt es Leo.

„Lea, wo bist du? Hast du die Schüsse gehört? Komm sofort aus deinem Versteck. Wir müssen schnell hier verschwinden“, mahnt der kleine Löwenjunge. Zwar sorgt er sich, dass die Jäger ihn hören und dann erst recht jagen könnten, aber er möchte auf keinen Fall seine Schwester im Stich lassen.

Genau in dem Moment fallen wieder Schüsse. Ganz nah scheinen sie zu sein.

Leo hört das Knacken trockener Äste, über die jemand zu laufen scheint. Furchtbare Angst breitet sich in ihm aus. Schon merkt er, wie seine Beine zu zittern beginnen.

„Wenn das so weitergeht, kann ich mich gleich gar nicht mehr bewegen. Das darf auf keinen Fall geschehen. Ich muss mich in Sicherheit bringen. Hoffentlich haben die Jäger nicht Lea erschossen. Das könnte ich nicht ertragen“, sorgt er sich.

Als der nächste Schuss fällt, rennt Leo los, wohin weiß er selbst nicht genau.

„Nur weg von hier“, denkt er.

Seine Beine scheinen nun wie von selbst die Führung zu übernehmen. Sie tragen ihn zwischen Riesenbäumen her, vorbei an einem Dickicht, in dem er schon einmal mit Lea gespielt hat. Weiter und weiter bringen ihn seine Beine, verfolgt von den Schüssen, die manchmal lauter und dann wieder leiser klingen.

Plötzlich entdeckt er sie. Eine Höhle mit sehr niedrigem Eingang. Mit Mühe gelingt es Leo, sich hinein zu quetschen. Dass er seine Haut dabei verletzt, ist ihm jetzt egal.

„Hauptsache, ich bin in Sicherheit“, denkt Leo.

Sein Herz schlägt so schnell und so laut, dass er befürchtet, die Jäger könnten es hören. So klein wie möglich versucht er sich in seinem Unterschlupf zu machen. Eilig schiebt er noch einige kleine Äste, die in der Höhle liegen, vor den Eingang. Wirklich sicher fühlt er sich trotzdem nicht.

Schon kann er das Rufen der Jäger hören.

„Ob sie mich gesehen haben, als ich weggelaufen bin? Vielleicht verfolgen sie mich schon und entdecken mich in dieser Höhle“, sorgt sich der kleine Löwenjunge.

Plötzlich erscheint ihm das Versteck nicht mehr wie ein sicherer Ort, sondern eher wie eine Falle.

„Wenn ich jetzt hervorkomme, sehen sie mich sofort, so nah wie sie schon sind“, überlegt er. Entsetzlich hilflos und ohnmächtig fühlt er sich. An Lea kann er jetzt gar nicht mehr denken. Er wünscht sich, zuhause bei seinen neuen Eltern zu sein.

Plötzlich schiebt sich ein dünner Faden vor den Höhleneingang und verbindet die kleinen Äste miteinander. Immer mehr Fäden entstehen, ein richtiges Geflecht. Und dann entdeckt er sie an dem Faden. Ganz deutlich kann er sie erkennen.

„Oje, das ist ja die kleine Spinne, der Berta und ich damals unbedingt aus dem Weg gehen wollten. Jetzt bin ich doppelt in Gefahr. Einmal vor den Jägern und dann auch noch vor diesem Spinnenmädchen. Die Schlange Kira hat gesagt, dass sie gefährliches Gift verspritzt, was ganz leicht durch mein Fell in meinen Körper kommen kann“, erinnert sich Leo mit Schrecken.

So weit wie eben möglich drängt er sich an die hintere Höhlenwand.

„Sei leise, ich rette dich“, hört er das Spinnenkind Sina flüstern. Eilig spinnt es Faden um Faden zwischen den kleinen Ästen hin und her vor den Höhleneingang.

Und dann sind sie auch schon da. Die Jäger mit ihren Gewehren.

„Ich habe ihn genau in diese Richtung laufen sehen. Irgendwo muss er doch sein. Zwar ist es nur ein kleiner Löwe, aber besser als gar keiner“, hört Leo einen der Jäger sagen.

Am liebsten würde er den Atem anhalten, um alle Geräusche zu vermeiden. Aber das geht natürlich nicht. Er braucht ja Luft zum Leben. Mit wild tobender innerer Aufregung versucht er so leise wie möglich zu atmen. Sein rechtes Bein schmerzt entsetzlich. Irgendwie steht es ziemlich verdreht.

„Ich darf es trotzdem jetzt nicht bewegen. Das kleinste Geräusch könnte die Jäger auf mich aufmerksam machen“, weiß Leo. Er versucht an Berta zu denken und daran, wie er es damals geschafft hat, sie zu befreien.

„Und Berta hat mich vor dem Krokodil beschützt, das mich fressen wollte. Ich will es auch jetzt schaffen“, denkt Leo. „Ich gebe nicht auf. Ich werde durchhalten!“

„Hier ist eine Höhle. Vielleicht ist der Löwe darin verschwunden“, ruft einer der Jäger.

Leo fühlt, wie vor Schreck alles in ihm erstarrt.

„Was redest du für einen Blödsinn. Siehst du nicht die ganzen Spinnweben vor der Höhle? Wie soll denn da ein Löwe durchgekrochen sein. Lasst uns schnell weiterziehen, hier vergeuden wir nur unsere Zeit. Vielleicht finden wir an einer anderen Stelle eine gute Beute“, schlägt einer der Jäger vor.

Leo spürt, wie sein Körper erneut vor Aufregung und Angst zu zittern beginnt.

„Ich muss ruhig bleiben. Auf keinen Fall darf ich mich bewegen. Die Jäger könnten mich sonst hören!“, sagt er sich tief im Inneren immer wieder. Ganz voll sind seine Gedanken davon.

Er hofft, dass diese bedrohlichen Menschen endlich weiterziehen und zwar ohne zuvor doch noch genauer in die Höhle zu schauen. Richtig übel wird ihm vor Angst. In seinem Bauch zieht sich irgendetwas schmerzhaft zusammen.

„Darum kann ich mich jetzt nicht kümmern! Ich muss aufpassen, dass die Jäger mich nicht entdecken. Das ist im Moment das Wichtigste", weiß Leo.

Vorsichtshalber bleibt er, ohne sich zu bewegen, weiter eng an die hintere Höhlenwand gepresst stehen. So gut es ihm eben möglich ist, versucht er, die Geräusche außerhalb der Höhle wahrzunehmen.

Die Jäger scheinen sich tatsächlich zu entfernen. Es fallen keine Schüsse mehr. Auch die Schritte der Männer auf dem Waldboden klingen leiser und leiser, bis sie schließlich gar nicht mehr zu hören sind.

Trotzdem, Leo traut sich nicht hervor. Zu tief hat die Angst seinen Körper durchdrungen. Sie sorgt dafür, dass seine Beine heftig zittern. Leo vermag sie einfach nicht ruhig zu halten. Auch um sein kleines Löwenmaul herum spürt er starke Zuckungen. Angestrengt bemüht er sich, Ruhe in seinen Körper einkehren zu lassen, aber es gelingt ihm nicht so, wie er es möchte.

„Wie lange willst du denn noch in dieser dunklen Höhle bleiben? Meinst du nicht, du könntest mal langsam wieder hervorkommen? Die Jäger sind längst weg", hört er Sina sagen.

„Ach ja, das Spinnenmädchen, das hatte ich vor Schreck ganz vergessen", denkt Leo.

Er weiß nicht, ob er sich nun fürchten muss oder sich dafür bedanken sollte, dass diese Spinne ihn mit ihrem Netz gerettet hat.

„Na, wie habe ich das gemacht? Sicher staunst du, wie gut und schnell ich jetzt schon Netze spinnen kann, oder?", fragt sie lachend.

Leo hört deutlich den Stolz in ihrer Stimme.

„Sie klingt wirklich nicht gefährlich. Eher so, als hätte sie mich tatsächlich absichtlich retten wollen", überlegt er.

Der kleine Löwenjunge atmet einmal tief durch. Und noch einmal. Und noch einmal. Jetzt spürt er, dass die Angst in ihm nachlässt.

„Eigentlich hat die Schlange Kira mich vor dir gewarnt. Sie meinte, dass du gefährlich bist und mich vergiften willst. Aber da hat sie sich wohl getäuscht. Du hast mir jetzt sogar das Leben gerettet. Die Jäger dachten, in der Höhle, vor der so ein dichtes Spinnennetz ist, könnte ich nicht sein“, erklärt Leo. Dann muss er selbst etwas lachen.

Obwohl seine Beine noch ziemlich wackelig sind, kommt er vorsichtig aus der Höhle hervor. Die Spinnweben, die dabei an seinem Kopf hängen bleiben, streift er mit geschickten Bewegungen am nächsten Baum ab. Suchend schaut er umher. Noch kann er das kleine Spinnenmädchen nicht entdecken.

„Falls du mich suchst, musst du dich nur etwas umdrehen. Ich sitze genau oben im Geäst über dem Höhleneingang.“ Sina lacht. Leo findet, dass es sich fast so anfühlt, als würden sie miteinander verstecken spielen.

„Wie kommst du eigentlich hierher?“, will er nun wissen.

„Ach, eigentlich ist das einfach und doch auch eine lange Geschichte“, entgegnet Sina.

„Erzähl sie mir, ich habe Zeit. Sicher brauche ich sowieso noch eine Weile, um mich von dem Schreck zu erholen!“, schlägt Leo vor.

Auffordernd legt er sich in das wärmende Sonnenlicht, das direkt vor den Höhleneingang fällt. An seine Schwester Lea kann er jetzt nicht denken. Zu groß ist seine Überraschung, ausgerechnet vom Spinnenmädchen gerettet worden zu sein.

Sina lässt ihm keine Zeit weiter nachzudenken. Eilig beginnt sie zu berichten: „Als ich dich damals zusammen mit der Elefantenfrau gesehen habe, war ich schrecklich neidisch auf dich. Total allein gelassen habe ich mich gefühlt. So gern hätte ich auch jemanden gehabt, der mich umsorgt. Aber niemand war dazu bereit. Entsetzlich traurig und enttäuscht war ich. Aus Wut habe ich ziemlich schlimme Dinge gemacht. Am liebsten möchte ich nicht mehr daran denken, weil ich mich so sehr dafür schäme. Du musst wissen, dass ich eigentlich gar keine Giftspinne bin. Ich habe nur immer so getan, damit alle Angst vor mir bekamen. Das hat leider dafür gesorgt, dass jeder Abstand von mir genommen hat. Alle haben befürchtet, dass ich sie vergifte. So konnte ich natürlich keine Freunde und auch keine Unterstützerin finden. Wirklich blöd, dass ich das erst sehr spät verstanden habe. Wahrscheinlich hätte ich es nie begriffen, wenn da nicht der magische Baum und Wendy, meine Versorgerin, gewesen wären."

„Wo gibt es denn hier einen magischen Baum. Davon habe ich noch nie etwas gehört. Selbst Berta, die lange Zeit für mich da war, hat mir davon nichts erzählt", unterbricht Leo nun das Spinnenmädchen.

„Man sieht es dem Baum auch nicht an, dass er ein besonderer Baum ist. Irgendwie sieht er wie ein gewöhnlicher Riesenbaum aus. Ich glaube, er zeigt seine magischen Kräfte nur sehr selten. Mit mir fing er plötzlich an zu sprechen. Ziemlich erschrocken war ich damals. Zuerst habe ich gedacht, dass ich mir die Stimme nur einbilde. Geschämt habe ich mich sogar dafür. Ich glaube, es hat ihm etwas Freude bereitet, mich so zu verwirren. Er war der Meinung, ich hätte es verdient, einen Schreck eingejagt zu bekommen, weil ich doch selbst ziemlich Vielen Angst gemacht habe. Naja, eine kleine Lehre war mir das schon, aber etwas gemein von ihm fand ich es trotzdem", erklärt Sina. Sie spürt, wie gut es ihr tut, mit Leo darüber zu sprechen.

„Eigentlich sind wir ziemlich ähnlich. Beide haben wir uns früher lange Zeit im Stich gelassen gefühlt. Anscheinend ist Sina von ihren Eltern auch nicht gut versorgt worden", überlegt Leo.

„Aber nun geht es mir wirklich gut", unterbricht sie seine Gedanken. „Ich lebe jetzt hier ganz in der Nähe in einer Wohngruppe. Auf unserem Baum leben verschiedene Spinnen, Vögel, Insekten und auch kleine Nagetiere miteinander. Meistens verstehen wir uns ganz gut, aber Streit gibt es natürlich auch. Die Erwachsenen, die sich um uns kümmern, sind total in Ordnung. Naja, sie haben auch ein paar Regeln aufgestellt, die ich doof finde. Trotzdem finde ich es richtig gut, nicht mehr so allein zu sein", erklärt Sina.

„Mein neues Zuhause ist in einer Löwenfamilie. Meine Eltern dort sind Lars und Lena und meine Pflegeschwester heißt Lea. Meistens komme ich mit ihnen gut aus, aber Streit gibt es bei uns natürlich auch. Dann muss ich meistens sofort an meine Eltern denken, bei denen ich geboren wurde. Wenn meine Pflegeeltern eine Regel aufstellen, die ich blöd oder gemein finde, raste ich noch ziemlich oft aus. Aber es ist schon besser geworden, das sagen sie selbst auch. Trotzdem habe ich manchmal Angst, dass sie mich nicht mehr in ihrer Familie haben möchten. So ganz vertraue ich ihnen noch nicht." Ganz ganz tief atmet Leo durch. Es erstaunt ihn, wie viel er Sina gerade über sich erzählt hat.

„Eigentlich habe ich noch mit niemandem so ehrlich über mich geredet", merkt er und schweigt nun lieber.

„Danke, dass du mir das alles anvertraut hast", sagt Sina. „Es tut mir gut, weil es mir nämlich ganz ähnlich wie dir geht. Oft schäme ich mich für meine Gefühle und Gedanken, die an manchen Tagen das reinste Chaos sind. Ich habe immer gedacht, niemand könnte das verstehen. Deshalb habe ich vorsichtshalber mit keinem darüber gesprochen", flüstert Sina so leise, dass Leo es kaum verstehen kann.

„Irgendwie fühlt es sich so an, als wären wir Freunde", erklärt Leo erstaunt.

„Können wir doch auch sein", stimmt Sina sogleich zu. „Ich verrate niemandem, was du mir über dich erzählt hast."

„Und du kannst mir vertrauen. Ich glaube, inzwischen kann ich wirklich ein guter Freund sein", entgegnet Leo.

Und genau in diesem Moment erinnert er sich wieder an seine Pflegeschwester Lea, mit der er gerade verstecken gespielt hat, als die Jäger kamen.

„Hoffentlich ist meiner Schwester nichts passiert. Ich muss sofort nach ihr sehen", stößt er hervor. Schon spürt er wieder, wie Angst und Aufregung sich in ihm ausbreiten.

„Ich kann dir suchen helfen. Schließlich sind wir doch jetzt befreundet. Vielleicht unterstützen uns auch noch andere aus meiner Wohngruppe. Ich werde dort einmal nachfragen", schlägt Sina vor.

Leo fällt es schwer, seiner neuen Freundin länger zuzuhören. Seine Gedanken sind nun ganz bei Lea. Schnell bedankt er sich bei Sina für die gute Idee und ihre Hilfsbereitschaft. Bevor er davonläuft, beschreibt er noch kurz, wie seine Schwester aussieht.

„Treffpunkt wieder hier", ruft Sina ihm nach. Sie ist sich aber nicht sicher, ob Leo das noch gehört hat.

Frau Wallner setzt ihre Lesebrille ab und legt das Buch zur Seite.

„Ich glaube, an dieser Stelle sollten wir für heute erst einmal aufhören. Es ist wirklich schon sehr spät. Kuschel dich schön ein und schlaf gut, mein Junge", sagt sie.

Abrupt setzt Janis sich auf. Nahezu entgeistert schaut er seine Vorleserin an. „Das kann nicht dein Ernst sein. Ausgerechnet an dieser Stelle willst du eine Pause machen? Wie soll ich denn gut schlafen können, wenn ich weiß, dass Lea in Not ist?", stößt er hervor.

„Aber Junge, es ist doch nur eine Geschichte", meint Frau Wallner.

„Für dich ist es vielleicht nur eine Geschichte. Für mich fühlt es sich ziemlich echt an. Bevor ich einschlafe, muss ich wissen, ob Lea etwas Schlimmes passiert ist." Janis Stimme scheint sich überschlagen zu wollen, so aufgeregt ist er jetzt.

„Schon gut! Ich verstehe dich ja. Und du hast recht. Ausgerechnet an dieser Stelle mit dem Vorlesen aufzuhören, geht gar nicht. Wie gut, dass du morgen schulfrei hast und deine Hausaufgaben zu Montag schon erledigt sind. Da können wir das Kapitel auch noch zu Ende lesen. Ich bin trotzdem gespannt, ob du vorher schon einschläfst. Es ist wirklich bereits sehr spät", erinnert Oma Wallner ihn, bevor sie mit dem Lesen fortfährt.

Voller Angst schaut Leo überall dort nach, wo er schon einmal mit Lea gespielt hat. Nirgends ist sie zu finden. Von Zeit zu Zeit ruft er nach ihr, bekommt aber keine Antwort.

„Vielleicht ist sie längst nach Hause gelaufen und dort in Sicherheit", überlegt Leo. Hoffnungsvoll macht er sich auf den Weg zu seinen Pflegeeltern.

Lars und Lena sind mit irgendetwas beschäftigt, als er sich ihnen nähert. So richtig kann Leo nicht erkennen, was sie dort machen. Obwohl er sonst ständig alles genau wissen will, schaut er jetzt nicht näher hin. Im Moment kann er nur an Lea denken und daran, wie es ihr wohl ergangen ist.

„Habt ihr Lea gesehen? Ist sie zuhause?", ruft er seinen Eltern hektisch entgegen. Erschrocken schauen Lars und Lena auf. Sie ahnen, dass irgendetwas Schreckliches geschehen sein muss. So aufgeregt haben sie ihren neuen Sohn noch nie erlebt.

„Was ist denn los? Eigentlich solltest du wissen, wo deine Schwester ist. Schließlich seid ihr zusammen losgezogen, um miteinander verstecken zu spielen", entgegnet Lena. Auch ihre Stimme klingt nun besorgt.

„Beruhige dich erstmal, damit wir dich richtig verstehen können. Du bist ja völlig durcheinander. Vielleicht sitzt Lea in irgendeinem besonders guten Versteck und freut sich, dass du sie nicht findest", versucht Lars Leo zu beruhigen. Ganz wohl ist aber auch ihm nicht zumute.

Inzwischen ist Leo bei dem Baum angekommen, unter dem

seine Eltern mit irgendetwas beschäftigt waren. Sein schnelles Laufen, seine Angst und Aufregung sorgen dafür, dass er völlig außer Atem ist.

„Wir müssen Lea suchen“, stößt er hektisch hervor. „Die Jäger waren da und haben wild umher geschossen. Ich konnte in eine Höhle flüchten, und Sina hat mir mit ihrem Spinnennetz das Leben gerettet.“

„Wer ist Sina?“, will die Pflegemutter wissen. Fast gleichzeitig erkundigt sich der Pflegevater, wo genau sie gespielt haben.

„So viele Fragen! Warum kommen sie nicht einfach mit und helfen suchen?“, denkt Leo. Unruhig läuft er hin und her.

„Das kann ich euch doch später noch erzählen. Jetzt müssen wir Lea finden. Sie ist bestimmt in Not, sonst wäre sie längst hier.“ Leos Stimme klingt wie ein verzweifelter Schrei.

„Du hast völlig recht. Zeig uns, wo ihr zuletzt gespielt habt, dort suchen wir Lea zuerst“, kommt es nun von Lars und Lena gleichzeitig.

Sofort läuft Leo los, gefolgt von den Pflegeeltern.

Er zeigt ihnen die Stelle, an der er mit Lea Verstecken gespielt hat. Aufgeregt schauen sie unter jedem Baum und in jedem Gebüsch nach. Lea ist nicht zu finden.

Nun sind auch die Pflegeeltern voller Angst und Sorge. Immer wieder rufen sie Leas Namen. Aber es hilft nichts. Lea scheint sie nicht hören oder ihnen nicht antworten zu können.

„Vielleicht ist sie so stark verletzt, dass sie nicht rufen kann. Oder sie bleibt aus Angst vor den Jägern stumm und sitzt abwartend in irgendeinem Versteck so wie ich eben. Hoffentlich ist sie nicht tot“, denkt Leo. Aber das will er sich lieber gar nicht vorstellen.

Plötzlich hören sie Sina aufgeregt rufen. Sie sitzt weit oben auf einem besonders hohen Baum.

„Hierher, kommt schnell hierher“, schreit sie. „Jana aus unserer Wohngruppe hat Lea gefunden. Sie lebt, scheint aber ziemlich stark verletzt zu sein. Ich zeige euch jetzt die Stelle, an der sie liegt. Folgt mir, dann sind wir schnell bei Lea.“

Geschickt springt das Spinnenmädchen von Baum zu Baum bis hin zu einem besonders undurchdringlichen Dickicht.

„Lea hat es trotz ihrer Verletzung geschafft, hierhin zu flüchten. Jana ist noch bei ihr“, erklärt Sina.

Gemeinsam versuchen Lars, Lena und Leo in das Dickicht vorzudringen. Mit äußerster Mühe kämpfen sie sich Stück für Stück vorwärts. Immer wieder reißen sie sich dabei die Haut schmerzhaft auf, aber das ist ihnen im Moment nicht wichtig. Die Sorge um Lea treibt sie voran.

Nach einer endlos lang erscheinenden Zeit haben sie das Löwenmädchen erreicht. Auf Leas Kopf sitzt die kleine Spinne Jana aus Sinas Wohngruppe. Leise flüstert sie ihr tröstende und beruhigende Worte zu. Dabei streichelt sie Lea sanft mit ihren langen dünnen Beinen. Als sie die Ankommenden wahrnimmt, schaut sie nur einmal kurz auf.

„Jetzt weiß ich, warum wir Lea nicht finden konnten. In diesem struppigen Dickicht voller Schlingpflanzen habe ich sie wirklich nicht vermutet. Gut, dass sie es geschafft hat, hierhin zu fliehen. Selbst die Jäger haben sich anscheinend nicht an diesen Ort getraut. Gut, dass sie Leas Blut auf dem Weg nicht gesehen haben. Da hat sie trotz allem noch etwas Glück gehabt“, denkt Leo. Mitfühlend sieht er hinunter auf seine schwer verwundete Schwester.

Lea liegt bewegungslos am Boden. Manchmal stöhnt sie leise auf. Leo vermutet, dass sie ohnmächtig ist. Ihr Rücken ist blutverschmiert.

„Wahrscheinlich ist sie dort von einer Kugel getroffen worden“, durchfährt es Leo mit Schreck. Dann entdeckt er über Leas hinterem rechten Bein eine weitere Wunde. Auch aus ihr blutet es stark. In kleinen Rinnsalen läuft das Blut an Leas Bein entlang und tropft von dort aus auf den Waldboden.

Wie erstarrt schaut Leo auf seine bewegungslose Schwester. Dass die Pflegeeltern sich über ihre Tochter beugen und versuchen mit ihr zu sprechen, nimmt er wie durch dichten Nebel wahr.

„Lea darf nicht sterben. Bitte, sie muss gesund werden. Sie ist doch jetzt meine Schwester! Ich will sie nicht verlieren!" Wieder und wieder hört Leo sich diese Sätze sagen. Ob das nur in seinem Inneren geschieht oder er die Sätze laut ausspricht, weiß er nicht.

Niemand scheint ihn genauer zu beachten. Die ganze Aufmerksamkeit gilt in diesem Moment Lea, deren Leben in Gefahr ist. Vorsichtig versorgen Lars und Lena ihre Wunden. Noch immer starr vor Schreck sieht Leo zu.

„Hoffentlich ist das alles nur ein böser Traum!", wünscht er. Kraftvoll kneift er sich in den Arm und spürt, dass er wach ist.

„Dann ist das wohl alles wirklich passiert. Ich will das nicht! Es soll doch endlich alles gut sein für Lea und mich", denkt er.

„Lass uns nach Hause gehen. Lena bleibt hier und kümmert sich um Lea. Später löse ich sie dann ab", hört Leo seinen Pflegevater sagen.

„Muss Lea sterben?" Für Leo fühlt es sich so an, als hätte sein Mund ganz von allein diese Frage hervorgebracht.

„Wir wissen es nicht", entgegnet Lars. „Du kannst aber sicher sein, dass Lena und ich alles, was eben möglich ist, tun werden, um Leas Leben zu retten. Keinen von euch beiden wollen wir verlieren. Wir vier gehören doch jetzt zusammen!"

Leo spürt, wie gut es sich anfühlt, so sehr gemocht zu werden und wie sehr er das früher vermisst hat. Einen kurzen Moment ist er traurig und glücklich zugleich. Langsam folgt er seinem Pflegevater in Richtung Zuhause.

Zu seiner Überraschung warten Berta und Sina dort.

Das freut Leo so sehr, dass er darüber für einige Minuten sogar seine Angst um Lea vergisst.

„Wie schön, dass Berta ihr Versprechen hält. Ein bisschen misstrauisch war ich schon noch. Aber Berta besucht mich wirklich! Sie ist hier! Ich werde mein Versprechen auch halten. Ich gebe nicht auf. Niemals! Auch wenn alles manchmal sehr traurig ist", flüstert Leo leise. Berta mit ihren großen Elefantenohren hört es trotzdem.

„So ist es recht, mein Kleiner“, sagt sie. „Nur wer nicht aufgibt, erhält sich die Möglichkeit für eine neue Chance.“

So richtig versteht Leo nicht, was Berta damit meint, aber er findet, dass es sich irgendwie ermutigend anhört.

Als hätten sie es abgesprochen, schauen sich Berta und Leo plötzlich an, lächeln, stellen sich nebeneinander und machen das, was ihnen in vergangener Zeit schon häufig innere Kraft und Mut gegeben hat. Sie drehen ihre Köpfe von der rechten Seite zur linken und von der linken zur rechten. Genau dreimal machen sie es.

„Jetzt kann ich beruhigt einschlafen. Lea ist gerettet. Bestimmt träume ich heute Nacht davon. Schlaf gut, Oma“, murmelt Janis mit schläfriger Stimme.

Frau Wallner streichelt ihm liebevoll über die Wange. Fürsorglich zieht sie ihm die Bettdecke hoch bis unter sein Kinn. „Schlaf du auch gut, mein Junge“, flüstert sie. So leise wie möglich verlässt sie das Zimmer, nachdem sie das Licht gelöscht hat.

Am nächsten Vormittag schlafen Frau Wallner und Janis besonders lange.

Beim gemeinsamen Frühstück berichtet Janis aufgeregt von seinen Träumen der letzten Nacht. „Stell dir vor, was ich geträumt habe!“ ruft er aus. „Du wirst es bestimmt nicht glauben! Wir beide haben zusammen einen Ausflug mit deinem Auto gemacht. Also, in dem Traum hattest du plötzlich wieder ein Auto und durftest auch damit fahren. Wir waren bei einem total schönen See. Dort haben wir uns ein Tretboot geliehen und sind kreuz und quer auf dem Wasser herumgefahren. Zwischendurch haben wir sogar ein kleines Bad darin genommen. Um die Wette sind wir dabei auch geschwommen. Und du hast gewonnen! Das konnte ich selbst im Traum nicht fassen. Aber es kommt noch besser! Etwas später habe ich geträumt, dass wir beide zusammen Fußball gespielt haben. Oh Mann, du hast total viele Tore geschossen, sogar ein Kopfballtor ist dir gelungen. Gegen dich war ich eine richtige Lusche." Aus Janis heraus sprüht es beim Erzählen geradezu vor Freude und Mitteilungsdrang.

Frau Wallner lächelt. Ganz weit lehnt sie sich auf ihrem Stuhl zurück. Das Brötchen, in das sie gerade beißen wollte, legt sie zurück auf den Teller vor sich.

„Das ist genau das, was ich meine", entgegnet sie. „Du brauchst jüngere Leute um dich herum, mit denen du all diese Dinge unternehmen kannst. Im Traum hast du gespürt, wie gut sich das anfühlt. Jetzt muss es nur noch Wirklichkeit werden. Im Kinderhaus werden einige Jungen und wahrscheinlich auch Mädchen in deinem Alter sein. Vielleicht sind manche auch etwas jünger oder etwas älter als du. Jedenfalls werdet ihr zusammen viel Spaß haben können, Abenteuer erleben, Interessantes entdecken, gemeinsam Fußball spielen und schwimmen gehen."

Nachdenklich schaut Janis seine Oma Wallner an. Sehr schweigsam ist er plötzlich. Nahezu bewegungslos sitzt er auf dem Stuhl. Nur die Finger seiner rechten Hand bewegen sich unruhig auf der Tischplatte auf und nieder. Irgendetwas scheint er sagen zu wollen, es sich aber noch nicht zu trauen.

„Duuu, Omaaa", beginnt er schließlich zögerlich. „Bist du denn überhaupt nicht traurig, wenn ich von dir wegziehe und du dann wieder ganz allein bist?"

Bei dieser Frage mag Janis seine Oma nicht anschauen. Ziemlich unbehaglich ist ihm zumute. Angestrengt schaut er auf seinen Teller.

„Aber Janis, natürlich werde ich dich auch vermissen. Es ist trotzdem für uns beide besser, wenn du einen neuen Platz zum Aufwachsen hast. Siehst du, für mich ist es zurzeit wirklich alles sehr anstrengend. Ich schaffe es einfach nicht, so für dich da zu sein, wie du es bräuchtest. Du bist ein freundlicher, lebhafter, ideenreicher und unternehmungslustiger Junge. Das zu beobachten, ist für mich sehr schön. Seit du bei mir wohnst, ist mein tägliches Leben zwar wirklich sehr abwechslungsreich, ganz sicher niemals langweilig, aber ich brauche doch wesentlich mehr Ruhe als ich jetzt habe. Ganz deutlich merke ich das. Und du hast heute Nacht in deinen Träumen genau gespürt, was für dich gut wäre. Da ist sehr viel Schlaues in dir, was sich nun sogar in deinen Träumen gezeigt hat. Unser inneres Wissen sollten wir wirklich ernst nehmen", erklärt Frau Wallner.

„Dann muss ich gar kein schlechtes Gewissen haben, wenn ich plötzlich wieder ausziehe und dich allein lasse?", möchte Janis nun vorsichtshalber doch noch einmal bestätigt bekommen.

„Natürlich nicht, mein Junge! Ich freue mich doch mit dir, wenn du endlich einen passenden Platz zum Aufwachsen hast. Wenn du Lust hast, kannst du mir Fotos von deiner neuen Umgebung und euren gemeinsamen Unternehmungen schicken. Dann kann ich mir genau vorstellen, wie es dort aussieht und was du so erlebst", erinnert Frau Wallner ihn an das, was sie schon mehrfach zusammen besprochen haben.

„Es ist komisch, aber irgendwie freue ich mich jetzt wirklich schon etwas darauf. Angst habe ich trotzdem auch noch etwas", erklärt Janis.

Im nächsten Moment schon springt er von seinem Stuhl auf, geht hinüber zu seiner Oma Wallner und umarmt diese so heftig, als wolle er sie gar nicht mehr loslassen. Auch sie hält ihn fest in ihren Armen. So gut es möglich ist, wiegen sie dabei gemeinsam ihre Oberkörper hin und her, hin und her. Immer wieder machen sie es, wie oft genau wissen sie nicht. Trotzdem müssen sie nun an Leo und die Elefantenfrau denken, die Ähnliches miteinander gemacht haben, um sich zu beruhigen und innerlich zu stärken.

Als Janis seine Oma schließlich wieder loslässt, hat diese einen dicken Schokoladenfleck auf ihrer weißen Bluse.

„Eine Serviette brauchst du jetzt jedenfalls nicht mehr, um deinen Mund abzuwischen. Das hat meine Bluse schon erledigt. Wie gut, dass es Wachmaschinen gibt", sagt Frau Wallner lachend.

Janis stimmt in das Lachen ein und fühlt sich so glücklich wie lange nicht mehr.

„Eigentlich weiß ich gar nicht, ob ich schon jemals so glücklich war", denkt er. Sein ganzer Körper scheint von Freude durchdrungen. „Liest du mir gleich das letzte Kapitel aus dem Buch vor?", möchte er nun wissen.

„Jetzt schon? Wir haben doch gerade erst gefrühstückt", gibt Frau Wallner zu bedenken.

„Bitte! Morgen kommen schon meine neuen Eltern aus dem Kinderhaus. Wir wollen das Buch doch vorher zu Ende gelesen haben. Das haben wir vereinbart! Ich habe Angst, dass Frau Donnerstag nachher wieder zu uns herüberkommt, deine Hilfe braucht oder dich einfach nur besuchen möchte. Dann schaffen wir das mit dem Buch nicht mehr", drängt Janis.

Frau Wallner merkt, wie wichtig dies ihrem Schützling ist.

„Also gut", sagt sie. „Heute ist ein besonderer Tag. Da erledigen wir manches einfach anders als sonst. Jetzt lassen wir das Frühstücksgeschirr ausnahmsweise einmal auf dem Tisch stehen, du nimmst dir, wenn du möchtest, einen Kakao mit und ich noch eine Tasse Kaffee. Damit machen wir es uns dann beim Lesen auf der Couch wieder gemütlich", schlägt sie deshalb vor.

„Das ist super! Du bist wirklich die beste Oma, die man sich wünschen kann!", ruft Janis aus.

Nachdem er seine Tasse mit dem nicht mehr ganz so heißen Kakao auf dem Couchtisch abgestellt hat, geht er zum Regal und holt schon einmal das Buch. „Damit Oma das nicht mehr machen muss", denkt er.

Frau Wallner nickt ihm zustimmend zu, greift ihre Lesebrille, gesellt sich zu Janis auf die Couch und beginnt zu lesen.

Teil IV:
Abschied und Neubeginn

Kapitel 13: Ein großes Fest

Einige Wochen verbringt Berta bei Leos neuer Familie. Das kleine Affenmädchen, für das sie jetzt sorgt, ist stets an ihrer Seite. Das macht Leo in vielen Momenten sehr neidisch.

„Eigentlich gehöre ich zu Berta. Aber irgendwie auch nicht. Jedenfalls nicht mehr so richtig wie früher. Jetzt ist das Affenmädchen ihr Schützling. Berta hat mir das genau erklärt. Weh tut es mir trotzdem manchmal. Aber meine neue Familie würde ich freiwillig auf keinen Fall mehr hergeben. Und das muss ich auch nicht! Ich gehöre nun richtig dazu. Berta hat versprochen, dass sie solange bei uns bleibt, bis Lea wieder gesund ist. Sie möchte, dass meine Pflegeeltern sich in Ruhe um Lea kümmern können, damit ihre Wunden gut verheilen und sie schon bald stark genug ist, um in unser Zuhause zurückzukommen. Dann zieht Berta mit dem Affenmädchen weiter", vertraut Leo eines Tages seiner neuen Freundin Sina an. Etwas traurig klingt seine Stimme dabei schon.

„Aber ich bleibe deine Freundin, ganz bestimmt sogar", versichert das Spinnenmädchen fröhlich. Es lässt dabei die kleinen dünnen Beine wild auf und nieder, hin und her trippeln. Das sieht so lustig aus, dass Leo laut lachen muss.

Wie jeden Tag stattet Leo natürlich auch heute Lea einen Besuch ab. Das Spinnenmädchen Jana ist ebenfalls wieder dort. Längst hat sie sich mit Lea angefreundet.

„Meine Lebensretterin" nennt Lea sie. Das macht Jana sehr glücklich und auch richtig stolz.

Zu Leos Freude schafft Lea es heute schon, sich auf ihre vier Pfoten zu stellen. Es gelingt ihr sogar, zwei Schritte vorwärts zu gehen.

„Bestimmt kannst du bald wieder zu uns nach Hause kommen. Du musst nur den Weg dorthin schaffen, zuhause kannst du dich dann ausruhen", ruft Leo freudig aus. Er spürt, wie sehr er Lea vermisst, jeden Tag ist das so.

Traurig wird er bei dem Gedanken, dass Berta fortgehen wird, sobald Lea wieder zuhause ist.

„Es tut so weh, eine von beiden auf jeden Fall vermissen zu müssen. Trotzdem, Lea soll schnell wieder gesund werden. Sie gehört zu meiner neuen Familie. Berta war meine Beschützerin und Umsorgerin. Jetzt kommt sie nur noch zu Besuch, um zu sehen, wie es mir geht. Das ist okay so, auch wenn es noch ein bisschen weh tut. Meine neue Familie bleibt mir und auch meine neue Freundin Sina, das ist viel mehr als ich früher einmal hatte", weiß Leo.

Wenige Tage vor Leas endgültiger Rückkehr nach zuhause hat Leo eine Idee. „Wie wäre es, wenn wir zu Leas Begrüßung ein kleines Fest veranstalten würden? Nur unsere Familie soll dabei sein. Natürlich auch Berta mit dem Affenmädchen! Und meine neue Freundin Sina, die ist mir auch sehr wichtig! Lea hätte bestimmt gern ihre Lebensretterin Jana dabei. Bitte, können wir so ein Fest machen?", schlägt Leo aufgeregt vor.

„Du bist ja ganz zappelig vor Freude", bemerkt Lars lachend.

„Deine Idee gefällt mir! Wir sollten Sina, Jana und natürlich Berta mit dem Affenmädchen heute schon davon erzählen. Nur für Lea soll es noch eine Überraschung bleiben", meint Lena.

Begeistert stimmt Lars dem Vorschlag zu. Leo spürt, wie stolz die Erwachsenen auf ihn sind. Das macht ihn sehr glücklich.

Als Lea fünf Tage später mühevoll ihr Zuhause erreicht, schmerzen ihre Beine und ihr Rücken so sehr, dass sie sich sofort hinlegen möchte. Sie sieht nicht, wie wundervoll alles mit bunten Blättern und verschieden farbigen Federn geschmückt ist. Oben vom Baum herunter zwitschert der Vogelchor ein fröhliches Begrüßungslied. Auch das nimmt Lea kaum wahr. Viel zu groß sind ihre Erschöpfung und ihre Schmerzen.

Geduldig warten alle, bis Lea sich ausreichend erholt hat. Ungefähr nach einer Stunde fühlt sie sich wieder kräftig genug. Jetzt wird das Fest gestartet. Erneut singt der Vogelchor. Berta, Sina und Jana haben kleine Begrüßungsgeschenke für Lea. Lars und Lena flüstern ihr etwas ins Ohr, das sie anscheinend sehr glücklich macht.

Langsam geht Leo auf Lea zu. Es ist ihm etwas peinlich, jetzt vor all den Anderen das zu ihr zu sagen, was er sich vorgenommen hat. Damals, als sie so schwer verletzt im Dickicht lag, hat er sich geschworen, Lea genau diesen Satz zu sagen, falls sie wieder gesund wird.

Aufgeregt tritt er vom rechten Vorderfuß auf den linken und vom linken auf den rechten. Genau dreimal macht er das. Dann schaut er Lea ganz fest in die Augen und sagt: „Lea, ich bin so froh, dass du meine Schwester bist. Ich wünsche mir keine andere, auch wenn wir uns demnächst bestimmt wieder manchmal streiten.“ Was Lea darauf entgegnet, kann niemand verstehen, denn sie sagt es in der Geheimsprache, die nur den Löwengeschwistern bekannt ist. Es scheint aber etwas zu sein, das Leo sehr freut. Alle können es deutlich an seinem Gesicht erkennen.

Am nächsten Tag verabschiedet sich Berta von allen, um mit dem kleinen Affenmädchen weiterzuziehen. Leo spürt, wie sich wieder Tränen in seine Augen drängen. „Abschied tut weh“, fühlt er.

Neidisch schaut er zu dem Affenmädchen, das fröhlich auf Bertas Rücken sitzt. „Das ist meine Berta. Für mich muss sie sorgen“, möchte er rufen. Aber er weiß natürlich, dass es längst nicht mehr so ist.

„Eigentlich ist alles okay. Ich bin froh, endlich zu einer Familie zu gehören, in der ich mich wirklich wohlfühle. Jetzt muss ich nicht mehr neidisch auf andere Löwenkinder sein, die Eltern haben, von denen sie gut versorgt werden. Trotzdem ist es schade, dass Berta nun nur noch zu Besuch kommt. Ich sehe sie viel zu selten, aber besser als gar nicht“, tröstet er sich.

Noch einmal lächelt er Berta zu. Einen kleinen Moment später dreht er sich schnell weg. „Ich will Berta und mir den Abschied nicht noch schwerer machen“, entscheidet er. Leo ahnt, dass Berta jetzt sehr stolz auf ihn ist.

Entschlossen setzt er sich neben Lea, die vom gestrigen Fest noch ziemlich müde ist.

Als Frau Wallner die letzten Zeilen vorgelesen und das Buch zugeklappt hat, schaut Janis nachdenklich vor sich hin.

„Das mit dem Kopf drehen müssen wir beiden auch einmal zusammen machen. Wenn ich es dann später irgendwann einmal alleine mache, um mich zu beruhigen, denke ich dabei bestimmt sofort an dich. Das finde ich richtig gut!“, sagt er.

Frau Wallner nickt zustimmend mit dem Kopf. Lächelnd legt sie ihm das Buch in den Schoß. „Das gehört jetzt dir!“, erklärt sie. „Bei dir weiß ich es gut aufgehoben.“

„Danke Oma Wallner. Das ist sooo nett von dir. Bestimmt werde ich noch oft in dem Buch lesen. Dann denke ich immer an dich und erinnere mich daran, wie wir es gemeinsam gelesen haben.“ Janis freut sich.

„Du strahlst ja über das ganze Gesicht. Es freut mich auch, wenn ich dir mit dem Buch eine Freude machen kann“, entgegnet Frau Wallner. Liebevoll umarmt sie ihren Schützling.

Heute genießen sie beide das gemütliche Beisammensein

ganz besonders, weil sie wissen, dass es nicht mehr oft so sein wird.

„Aber es ist genau richtig so“, weiß Frau Wallner.

„Ich verliere dich nicht wirklich. Jederzeit können wir uns gegenseitig besuchen“, versichert Janis sich selbst noch einmal. Erleichtert stellt er fest, dass seine Oma Wallner wieder zustimmend mit dem Kopf nickt und ihn ermutigend anlächelt.

In diesem Moment spüren beide, dass es genau so gut und passend ist.

Wütend, aufgeregt, neugierig?

Barbara Baumgarten
Flamingo Fabian im Gefühleland
Ein Geschichtenbuch für Kinder
im Alter von 4–7 Jahren
Illustr. von Stefan Theuerkauff.
Mit Elternteil und Ausmalbildern
als Online-Zusatzmaterial.
2021. 111 S. Innenteil farbig.
(978-3-497-03058-3) kt

Flamingo Fabian rast vor Wut. Er hat Streit mit seinem Bruder, weil der ständig ungefragt in sein Zimmer kommt und ihn nervt! Am nächsten Tag steckt Fabian seine Nase in das streng geheime Tagebuch seiner Schwester. Darf man das? Und dann passiert ihm auch noch etwas Peinliches in der Schule! Was tut man nur, wenn alle über einen lachen?
Mit viel Herz und handgezeichneten Illustrationen entführen die 21 Geschichten in den turbulenten Alltag des 7-jährigen Flamingos. Dabei wird altersgerecht der Umgang mit unterschiedlichen Gefühlen und Situationen erklärt, die Kinder tagtäglich beschäftigen. Die Fragen am Ende jedes Kapitels laden zur tieferen Auseinandersetzung mit den Geschichten ein. Hilfreiche Elterntipps, lustige Bilder zum Ausmalen und weitere Hilfsmittel finden Sie im kostenlosen Online-Zusatzmaterial.

reinhardt
www.reinhardt-verlag.de